
CIVILIZACIONES PERDIDAS

Descubre a las Impresionantes Culturas
Antiguas que Desaparecieron
Enigmaticamente

CALVIN RAY

La información contenida en este documento se ofrece únicamente con fines informativos, y es universal como tal. La presentación de la información se realiza sin contrato y sin ningún tipo de garantía endosada.

El uso de marcas comerciales en este documento carece de consentimiento, y la publicación de la marca comercial no tiene ni el permiso ni el respaldo del propietario de la misma.

Todas las marcas comerciales dentro de este libro se usan solo para fines de aclaración y pertenecen a sus propietarios, quienes no están relacionados con este documento.

Índice

Introducción: ¿Conocemos realmente nuestra historia?

La historia está llena de misterios y es muy posible que no conozcamos ni la mitad. Basta pensar en las escalas de tiempo. Vivimos en una roca llamada Tierra, que lleva flotando en el espacio más de cuatro mil millones de años.

Se calcula que los humanos (o al menos los que se asemejan a ellos) habitaron este planeta hace unos dos millones de años.

Gran parte de ese periodo, por supuesto, tuvo lugar en la oscura prehistoria, antes de que los humanos desarrollaran la capacidad de escribir y dejar constancia de su vida cotidiana. Sin registros escritos de nuestro pasado primigenio, lo mejor que podemos hacer es buscar pruebas arqueológicas para intentar reconstruir la historia de nuestros antepasados.

Los anasazi de la región de las Cuatro Esquinas de Estados Unidos, por ejemplo, vivieron y prosperaron en una sociedad vibrante, pero sin un registro escrito, son sobre todo las rocas circundantes las que cuentan su historia.

Y vaya historia. Este antiguo pueblo excavó ciudades enteras en las paredes rocosas de los cañones y en la cima de las mesetas. Incluso construyeron carreteras para desplazarse por sus enormes complejos.

Pero incluso cuando las civilizaciones antiguas tienen un registro escrito que ha sido descifrado, como los mayas de Mesoamérica, puede seguir siendo increíblemente difícil averiguar exactamente qué les llevó a hacer las cosas que hicieron. Los mayas eran astrónomos fenomenales, y la astronomía era una gran ayuda para los pueblos antiguos en lo que respecta a la agricultura y la navegación, pero para los mayas era mucho más que eso.

Basaban calendarios enteros en acontecimientos astronómicos lejanos que no debían preocuparles lo más mínimo. Es notable lo que fueron capaces de hacer, pero uno no puede evitar preguntarse por qué lo hicieron. ¿No habrían empleado mejor su energía en afrontar problemas más inmediatos de su sociedad que en predecir acontecimientos celestes que ocurrirían mucho después de que ellos hubieran muerto y desaparecido?

Las prioridades de los antiguos son difíciles de entender. Por ejemplo, los habitantes de la isla de Pascua estaban obsesionados con la creación de colosales estructuras de piedra que no parecían servir para nada.

Sin embargo, incluso cuando su sociedad se enfrentó al hambre y a otras presiones externas, siguieron dando prioridad a la construcción de estos grandes moai de piedra. Más extraños aún son los habitantes del valle del Indo, en la actual India/Pakistán, que construyeron ciudades muy avanzadas (¡nada menos que con inodoros!) para que una fuerza desconocida las destruyera de la noche a la mañana.

Este libro intenta descubrir algunas respuestas a estos muchos misterios, para que podamos averiguar cuánto sabemos realmente sobre nuestra historia.

La civilización perdida de la Atlántida

La civilización perdida de la Atlántida. Quizá ninguna otra supuesta civilización sea más misteriosa que este místico lugar. De hecho, la Atlántida es tan misteriosa que nadie ha llegado a saber si existió realmente. La primera mención de esta fabulosa civilización procede del filósofo griego Platón.

En uno de sus farragosos diálogos filosóficos, escrito alrededor del año 360 a.C., Platón habla de una gran nación insular llamada Atlántida que existió unos 9.000 años antes.

Según Platón, esta sociedad era la más grande que el mundo había conocido. Sus habitantes eran tan ricos que tenían todo lo que podían desear. Sin embargo, en algún momento las cosas se torcieron y los "dioses se enfadaron" con ellos, y la Atlántida se inundó y se hundió bajo las olas.

Platón también mencionó que los habitantes eran semidioses, es decir, mitad humanos y mitad divinos.

También explicó que el propio dios Poseidón había fundado la Atlántida al tomar como esposa a una mujer humana corriente y engendrar así a los atlantes.

Por supuesto, la mayoría de los estudiosos insisten en que todo esto no era más que una alegoría que Platón utilizó para advertir a sus contemporáneos de los peligros de vivir en exceso como habían hecho los atlantes. Y hay que admitir que la idea de que el dios griego Poseidón fuera el padre de los atlantes no es más que un mito griego mezclado con la inventiva narrativa de Platón. Pero, ¿y si el fundador no fuera Poseidón, sino algún otro tipo de ser avanzado que Platón no estaba preparado para describir?

Por muy fantástica que sea la historia de Poseidón, muchos de los detalles básicos se parecen más a una descripción física real que a un mero cuento de fantasía. Platón describe que la masa de tierra de la Atlántida era aproximadamente del tamaño de Libia y Asia Menor (la actual Turquía) juntas, lo que la hace del tamaño de Australia. Alrededor de esta masa terrestre había anillos de tierra y agua construidos a propósito, que servían como barreras protectoras contra la invasión. Estos anillos de tierra tenían varios puestos de control formados por puertas y torres de vigilancia, y sólo podían atravesarlos los barcos autorizados.

Hace muy poco que los humanos modernos han empezado a construir islas artificiales. ¿Se trataba de un caso de ingeniería terrestre ancestral?

En cualquier caso, los detalles que Platón dio en su relato de la Atlántida parecen demasiado elaborados para algo que sólo era una alegoría. Parecen más bien un intento de informar con exactitud sobre un lugar que existió realmente. ¿Por qué se tomaría Platón la molestia de afirmar que la isla de la Atlántida estaba al oeste de las Columnas de Hércules (el Estrecho de Gibraltar) si nunca existió masa terrestre alguna en ese lugar? Si estuviera inventando una historia, ¿no habría elegido un lugar más cercano, en el Mediterráneo, en vez de en el océano Atlántico?

· · ·

Además, si algún día descubrimos que la leyenda de la Atlántida es cierta, no sería la primera vez que una ciudad que se creía un mito resulta ser real. Durante siglos, los eruditos pensaron que Troya no era más que el telón de fondo de la mitología griega sobre la guerra de Troya, hasta que los arqueólogos desenterraron los restos de esta gran metrópoli y se vieron obligados a admitir que existió.

¿Y qué hay de la Atlántida? ¿Es posible que realmente existiera una civilización perdida que se hundió bajo las olas?

Bueno, si existiera una masa de tierra en medio del Atlántico, en realidad se resolverían muchos de los misterios actuales sobre los recientes indicios de que los antiguos pueblos de América podrían haber tenido contacto con los antiguos pueblos de África y Europa.

Los historiadores han intentado durante mucho tiempo ignorar tal posibilidad, pero los hallazgos arqueológicos en América del Norte y del Sur parecen indicar que, efectivamente, hubo algún tipo de contacto transatlántico entre los continentes mucho antes de que Cristóbal Colón surcara el océano azul. En las momias egipcias, por ejemplo, se han encontrado restos de tabaco y cacao, plantas originarias de América que se creían desconocidas para el resto del mundo antes del viaje de Colón en 1492. Entonces, ¿cómo es posible que una momia del Viejo Mundo de hace 5.000 años los tuviera en su persona momificada?

Cabe señalar que la fuente original de la que Platón obtuvo los detalles sobre la Atlántida fue un político y diplomático griego llamado Solón, que a su vez había obtenido la historia de los egipcios. Por supuesto, si la historia procedía de los egipcios, lo más probable es que no hubieran nombrado al dios griego Poseidón como fundador de la Atlántida. Pero como ya hemos señalado, lo de Poseidón es el aspecto más débil de la historia de Platón. Esto indica que probablemente lo añadió como una referencia familiar, utilizando "Poseidón" para evocar en la mente de su audiencia una figura poderosa de más allá de los océanos.

En cualquier caso, el hecho de que se encontraran antiguos egipcios con productos procedentes del otro lado del Atlántico sugiere claramente que existía algún tipo de tráfico entre el mundo antiguo y el Nuevo Mundo. La siguiente pregunta, entonces, es cómo tuvo lugar este tráfico entre los continentes. ¿Con barcos de vela? Ya fue un viaje difícil para Colón en 1492; habría sido casi imposible para los egipcios. Pero, ¿y si no tuvieran que navegar tan lejos? ¿Y si existiera un continente entre África y América, la Atlántida?

Atlantis podría haber servido como un poderoso intermediario, comerciando artículos entre los continentes, o al menos como una estación de paso para los viajeros entre ellos. Con la masa continental de la Atlántida entre las Américas y los continentes del Viejo Mundo, en lugar de un largo viaje a través de aguas desconocidas, habría sido sólo un salto de un continente a otro. Y es interesante observar que en el relato original de Platón se alude a un "enorme continente" al que se puede llegar desde el otro lado de la Atlántida. Vale, puede que sólo fuera una suposición afortunada por parte de Platón, pero puede que no lo fuera.

Entonces, si la Atlántida existió, ¿qué le ocurrió? Bueno, según Platón, toda la civilización fue destruida en "un solo día y una sola noche de desgracia". Este detalle ha deleitado durante mucho tiempo a los escépticos de la Atlántida, que se burlan de la idea de que toda una masa continental pudiera quedar sumergida en un solo día.

Pero Platón también nos dice que los atlantes eran un pueblo que utilizaba poderes casi inimaginables. Supuestamente usaban reactores basados en cristales que podían producir cantidades increíbles de energía. ¿Podría ser este impresionante poder el que destruyó Atlantis? ¿Podría haber producido un terremoto que abrió el fondo del mar y absorbió a los atlantes?

Suena descabellado, pero una civilización de "Tipo 1" podría tener los medios para hacer algo así. La escala de Kardashev, creada por el astrofísico ruso Nikolai Kardashev, define una civilización de Tipo 1 como aquella capaz de aprovechar una energía de tal magnitud que le permite controlar todas las "fuerzas naturales" del planeta. Así, serían capaces de controlar los patrones climáticos, alterar las características geológicas e incluso producir terremotos.

Según el relato de Platón, Poseidón (un dios también conocido por producir tormentas y terremotos) dotó a los atlantes de este tipo de conocimientos avanzados. Pero en lugar de utilizar sus poderes para el bien, empezaron a enseñorearse de las naciones más débiles que les rodeaban. De hecho, se dice que conquistaron la mayor parte del norte de África y Europa occidental. Estaban a punto de dominar el mundo por completo cuando una alianza de los pocos estados libres que quedaban se alzó para desafiar al gigante atlante. La ciudad estado griega de

Atenas formaba parte de esta alianza y, tras la derrota de todas las demás, fueron los atenienses quienes se enfrentaron en solitario a los atlantes.

De alguna manera, más allá de todo pronóstico, los atenienses prevalecieron, y justo después de que lo hicieran, violentos terremotos, inundaciones y todo tipo de disturbios provocaron que la Atlántida se hundiera bajo las olas. Este cataclismo fue tan terrible que hizo "innavegable e inexplorable" toda una región del océano Atlántico.

Esto es interesante de señalar, porque el famoso vidente Edgar Cayce afirmaría más tarde que el secreto del poder de la Atlántida estaba en la manipulación de poderosos cristales, y fue esta fuente de poder la que acabó causando estragos en el océano Atlántico.

En sus visiones de la antigua Atlántida, Cayce vio un enorme reactor de cristal alojado en un edificio en forma de cúpula que los atlantes utilizaban como fuente de energía.

Al parecer, la caída de la Atlántida se debió a una avería de este reactor (¿o tal vez fue saboteado por algún astuto ateniense?). La fuente de energía de cristal, cuidadosamente custodiada, desató una terrible explosión de energía que provocó el hundimiento de todo el continente bajo el océano. Según Cayce, algunos refugiados atlantes lograron huir a Egipto, donde conservaron la historia en la sala egipcia de los registros -la misma fuente de la que supuestamente Solón escuchó la historia-, pero la mayoría pereció en el cataclismo.

Cayce creía que de los restos en ruinas de la Atlántida siguen saliendo periódicamente estallidos de energía, y que estos potentes estallidos pueden provocar la desaparición de barcos y aviones. Estas desapariciones aleatorias supuestamente tienen lugar en una misteriosa pequeña parte del Atlántico que ha llegado a conocerse como el Triángulo de las Bermudas. Algunos han llegado a teorizar que el borde occidental de la Atlántida podría haber estado en las proximidades del actual Triángulo de las Bermudas.

El propio Cayce hizo la sorprendente predicción de que parte de la Atlántida sería descubierta varios años después de su muerte, y algunos creen que esta profecía ya se ha cumplido. Cayce falleció en 1945, y la llamada "Carretera de Bimini" fue descubierta en 1968. La Carretera de Bimini es una estructura única, aparentemente artificial, parecida a una carretera frente a la costa de la isla de

Bimini, en las Bahamas. En el momento de escribir estas líneas, la estructura sigue siendo una anomalía que no puede explicarse adecuadamente. En efecto, parece formar parte de la infraestructura de una civilización desconocida. ¿Pero qué civilización desconocida? ¿Podría ser un pequeño fragmento superviviente de la legendaria Atlántida? El misterio sigue sin desvelarse.

Lado B: Atlantis - El Walhalla perdido

En algún momento del siglo VIII d.C., los barcos vikingos abandonaron su patria escandinava y zarparon hacia costas lejanas. A finales del siglo XI, el final de la Era Vikinga, sus navíos habían llegado tan al oeste como Islandia y Groenlandia, tan al sur como el norte de África y tan al este como el río Volga y Constantinopla. Sin embargo, la Era Vikinga no se recuerda por su exploración del mundo, sino por su brutal conquista del norte de Europa. En Inglaterra, los vikingos llegaron en el año 773 d.C., cuando sus barcos serpenteantes fueron vistos por primera vez frente a la costa de Sussex. En el año 787, tres barcos vikingos atracaron en Dorchester. Cuando el capitán del puerto intentó averiguar quiénes eran estos visitantes, él y sus ayudantes fueron rápidamente asesinados. Pero el temor a los vikingos arraigó de verdad el 16 de junio de 793, cuando desembarcaron en la isla mareal de Lindisfarne, más o menos en la frontera entre Escocia e Inglaterra. Lindisfarne era un centro de aprendizaje famoso en todo el mundo cristiano, pero los vikingos lo convirtieron en un escenario de devastación: los monjes fueron asesinados, arrojados al mar para que se ahogaran o llevados como esclavos. A lo largo del siglo IX, los vikingos atacaron y poco a poco se hicieron con el control de las Islas Británicas, así como de muchos otros países de Europa, incluida Francia, donde llegaron a París en el año 845 d.C. En el año 900 ya habían saqueado las principales ciudades y abadías de todo el continente. Los países vencidos nunca volverían a ser los mismos, y los lejanos recuerdos de las incursiones vikingas siguen vivos en la memoria y en las leyendas populares hasta nuestros días.

La causa de que los vikingos invadieran tantos países europeos sigue siendo un misterio, aunque los historiadores han especulado salvajemente sobre el tema. Las primeras teorías se centraban en la superpoblación y la necesidad de expandir el territorio vikingo. Esta propuesta ya se ha abandonado, pero sigue sin haber consenso sobre por qué los vikingos invadieron Europa. En el abanico de posibilidades se echa en falta que fueran en busca de su mítica patria, el Walhalla, que, según sus leyendas, se encontraba en algún lugar al suroeste. Walhalla se describe tradicionalmente como una sala, pero en el mito estaba inextricablemente ligada a una isla, donde los dioses supuestamente habían concedido a sus habitantes el don de la inmortalidad. El historiador belga Marcel Mestdagh llegó a la conclusión de que los vikingos habían abandonado su tierra natal en busca del Walhalla. Tras años contando a sus alumnos la misma historia tradicional de la conquista vikinga de Europa, se dio cuenta de que había un método en la locura vikinga, ya que primero invadieron Inglaterra y luego Francia. Mestdagh se había dado cuenta de algo que nadie había visto antes.

Tras sus conquistas iniciales, principalmente de islas y regiones costeras, los vikingos reunieron su llamado Gran Ejército. En Inglaterra, el Gran Ejército se formó en 866, y su núcleo estaba formado por soldados traídos en barco desde Dinamarca. Su misión consistía en conquistar las principales ciudades, tarea que finalmente se llevó a cabo en 879, cuando el ejército cruzó el Canal de la Mancha para continuar su campaña en Francia.

Mestdagh se dio cuenta de que la forma en que el Gran Ejército se desplazaba por Inglaterra no era azarosa, sino que seguía un patrón. Era casi como si algo en el paisaje - algo en la topografía, tal vez-les guiará de un lugar a otro. Fuera lo que fuese, se trataba de algo que aún estaba presente o era visible en aquella época, pero que hace tiempo que se ha perdido para nosotros.

Muchos años y muchas investigaciones después, Mestdagh se dio cuenta de que esa pista que faltaba seguía presente en el paisaje, aunque ya no la reconociéramos como tal: se trataba de una antigua red de carreteras que partía de dos ciudades, una en Inglaterra (Nottingham) y otra en Francia (Sens). Mestdagh pudo demostrar que la red de caminos de Inglaterra se centraba en Nottingham, pero que los vikingos no habían podido encontrar allí lo que buscaban. Tras la conquista de Nottingham, llegaron nuevos reclutas de Dinamarca, y el ejército vikingo cruzó el Canal de la Mancha hasta Francia. Allí utilizaron el mismo sistema de caminos, por el que todos los caminos conducían a la ciudad francesa de Sens, a la que el Gran Ejército Vikingo llegó a finales de 886.

Curiosamente, Sens fue la única ciudad que los vikingos no saquearon. La tomaron tras un asedio pacífico que duró sólo unos seis meses. Los libros de historia destacan especialmente el hecho de que nadie resultara herido o muerto durante el asedio de Sens.

. . .

Cuando llegó el Gran Ejército, los habitantes de la ciudad se habían instalado en las islas del río Yonne, esperando que serían brutalmente invadidos como cualquier otra ciudad. Algunos historiadores sostienen que el arzobispo de Sens había comprado la paz con los vikingos, pero no hay pruebas que lo demuestren. En resumen, no se conoce ninguna razón por la que los vikingos hubieran cambiado de repente su modus operandi. Pero, se preguntaba Mestdagh, ¿era Sens, el antiguo bastión de la tribu celta conocida como los *senones* ("ancianos"), de algún modo sagrado para los vikingos? ¿Era Sens lo que los vikingos habían estado buscando y ahora habían encontrado? ¿Podría ser que Sens fuera su mítico Walhalla? ¿Por eso no saquearon la ciudad?

Los vikingos no eran los únicos que tenían el mito de una isla perdida. Los celtas la llamaban Avalon; para los portugueses, Antilia. De hecho, la mayoría de los europeos medievales habían oído hablar de una isla llamada Ys, que a veces se relacionaba con el monje y navegante irlandés San Brendan o con la tierra perdida de Lyonnesse, que se creía situada frente a la costa occidental de Cornualles. Pero para los griegos, se trataba de la isla perdida de la Atlántida, de la que habían oído hablar cuando visitaron los templos egipcios. La multitud de nombres se debe a que, en un principio, la isla se conocía simplemente como "la Isla": todo el mundo sabía a qué se refería. Algunos, como los godos, se fijaron en la forma de la isla para darle su nombre (*Oium*, "el huevo"). Aunque algunos argumentarán con razón que Sens no es una isla, la región circundante era y sigue siendo conocida como Île-de-France, la *isla de Francia*.

¿Acaso sorprende que el origen de un nombre utilizado a diario por millones de personas siga siendo un misterio para los historiadores?

Lo que los vikingos encontraron en el norte de Francia fue un antiguo y olvidado sistema de carreteras. Mestdagh creía que la red de carreteras había sido originalmente obra de los romanos, conocidos constructores de carreteras *por excelencia*.

El célebre conquistador romano Julio César había elegido Agedincum -Sens-como ciudad donde estacionar sus ejércitos, aunque a finales del siglo IV d.C. sólo llegó a ser un centro administrativo. Sin embargo, pronto quedó claro que los romanos no habían construido esta red de calzadas, ya que estaban entrelazadas con una red de piedras megalíticas y, por tanto, databan de miles de años antes, mucho antes de que los romanos invadieran la Galia. Se sabe que los celtas, un pueblo procedente del este de Europa en el primer milenio a.C., utilizaban las piedras erguidas y otras construcciones megalíticas como hitos fronterizos. Se sabe que los celtas hacían un uso activo de estos emplazamientos megalíticos, y cuando en el siglo XVIII lugares como Stonehenge fueron analizados por personajes como William Stukeley, se pensó que la clase sacerdotal conocida como los druidas realizaba elaboradas ceremonias dentro y entre estos monumentos. Pero César, en su conquista de la Galia, persiguió específicamente a los druidas y se aseguró de que nada de sus conocimientos sobreviviera.

No se había producido tal exterminio en los países escandinavos, igualmente ricos en yacimientos megalíticos.

De hecho, el norte de Europa vivió una transición relativamente pacífica desde la época megalítica hasta los vikingos. Esto significó que los conocimientos asociados a estos megalitos sobrevivieron hasta bien entrada la era de los vikingos, lo que significó que cuando desembarcaron en Europa sabían mucho más sobre estos antiguos marcadores que la población local. En efecto, los vikingos habían mantenido un vínculo activo con un mundo anterior y, hacia el año 800 d.C., cuando partieron en busca de su Walhalla, consiguieron hacerlo en gran medida sobre la base de este vínculo, que, lamentablemente, había sido cortado, primero por los romanos y más tarde por el cristianismo en Inglaterra y Francia. Mestdagh tuvo que pasar años conduciendo por la campiña del norte de Francia, cartografiando megalitos, redes de carreteras y monumentos antiguos, así como catalogando antiguas leyendas, todo ello en una época (los años setenta y ochenta) en la que no existía el GPS ni el milagro moderno que es Google Earth. Fue una tarea monumental que contribuiría a su temprana muerte, aunque no antes de que pudiera publicar las asombrosas conclusiones que su investigación le había revelado.

Cuando observó los resultados de su minuciosa investigación, se dio cuenta de que esta red de caminos y megalitos era sólo una parte de la historia.

También descubrió una serie de zanjas tremendamente largas, que en un tiempo habían formado una serie de vastos óvalos concéntricos con Sens en su centro. Nadie había averiguado qué significaban estos óvalos. De hecho, los lados elevados de las zanjas habían servido en su día para construir carreteras, muchas de las cuales sobrevivieron y siguen en uso hoy en día. Sin embargo, las investigaciones de Mestdagh sobre el terreno demostraron que en el lugar había enormes zanjas y que, a menudo, aún podían verse en el paisaje. Como las zanjas estaban hechas de arena, su integridad se había degenerado lentamente durante los más de 3.000 años que llevaban sin utilizarse. Un análisis detallado reveló que en realidad eran zanjas con bordes elevados. En el centro de cada una había una depresión o abrevadero que probablemente había contenido agua en algún momento.

Estas zanjas interiores a menudo estaban conectadas con ríos y probablemente funcionaban como canales; de hecho, algunas partes de los óvalos concéntricos que rodeaban Sens estaban formadas por ríos reales, por ejemplo, la parte del río Marne entre Meaux y Châlons-sur-Marne.

El verdadero alcance de los conocimientos que poseían los pueblos megalíticos -los responsables de los miles de megalitos de Europa Occidental-aún no ha sido sondeado ni por la arqueología ni por la historia. Pero en la década de 1970, el arqueólogo Alexander Thom hizo un descubrimiento asombroso.

Tras realizar estudios detallados de más de 600 megalitos en Gran Bretaña, Irlanda y Bretaña, se dio cuenta de que todos ellos habían sido construidos con una unidad de medida estándar, a la que denominó yarda megalítica. También llegó a la conclusión de que existía una forma central de gobierno, "porque debe haber habido un cuartel general desde el que se enviaban las varas estándar, pero si fue en estas islas o en el continente, la presente investigación no puede determinarlo". Ese cuartel general puede haber sido Sens.

Las investigaciones llevadas a cabo por el escritor inglés John Michell, recogidas en *At the Center of the World: Polar Symbolism Discovered in Celtic, Norse and Other Ritualized Landscapes*, demostraron que alguien en la época precelta, y por tanto megalítica, poseía un conocimiento extraordinariamente detallado de la geografía del noroeste de Europa y había sido capaz de localizar con precisión el centro geográfico de las Islas Británicas. Curiosamente, los vikingos también estaban al tanto de estos conocimientos. Se trata de un descubrimiento importante, ya que antes de que Michell informara sobre estos descubrimientos en 1994, Mestdagh se había dado cuenta de que el centro sagrado de Sens había sido creado de acuerdo con los puntos cardinales, por alguien con un conocimiento detallado de la geografía. El eje principal de este patrón geométrico corría de este a oeste, y pasaba por el centro de la ciudad de Sens, extendiéndose hacia el este, con el centro del sistema de carreteras situado a unos 2 km al este de la ciudad.

. . .

El resultado final de la investigación de Mestdagh fue múltiple. En primer lugar, había un total de 64 carreteras que se extendían hasta 200 millas en cualquier dirección.

Encontró cientos de kilómetros de esta red de carreteras aún en uso en la década de 1980, con numerosos megalitos y lugares sagrados a lo largo del camino. En segundo lugar, Mestdagh también se dio cuenta de que muchos de los nombres de las ciudades y pueblos situados a lo largo de estas carreteras contenían el prefijo *Marc-* o *Merc-*: literalmente, "marcador". Uno de los lugares más conocidos se encuentra en la carretera meridional, que bordeaba el Puy-de-Dôme, un famoso volcán extinguido, considerado sagrado desde la época celta, si no antes. Su cima alberga un templo dedicado al dios romano Mercurio, una referencia más al prefijo *merc-*. ¿Es una coincidencia que se pensara que Mercurio era el protector de los viajeros en el camino?

La construcción de este sistema de cuatro fosos concéntricos habría exigido un trabajo extraordinario, ya que la circunferencia del óvalo I, el primero y más pequeño, alcanza ya la increíble cifra de 400 millas. El óvalo IV tiene ejes de 297 y 370 millas, y una circunferencia de 1.106 millas. Dimensiones asombrosas, pero aún dentro de las capacidades humanas, sobre todo si recordamos que la Gran Muralla China se extiende a lo largo de más de 8.000 kilómetros.

En un mapa de Francia, el Óvalo III es casi visible a simple vista. Coja cualquier mapa de Francia y busque la ciudad de Ruán; siga hasta Le Mans, Tours y Châteauroux. Más al norte hay un pequeño tramo entre Amiens y Poix; entre Poix y Ruán falta un tramo en los mapas modernos, pero se sabe que aquí hubo una vez una calzada romana. Lejos de ser fruto de la imaginación, estos óvalos son muy reales.

Cuando se trazan en un mapa las antiguas fronteras tribales celtas, éstas coinciden con los óvalos y la red de carreteras en abanico centrada en Sens. Cuando nos damos cuenta de que este sistema megalítico incorporaba piedras erguidas, y de que los celtas utilizaban estas piedras como marcadores de fronteras, se explica el enigma de por qué se colocaban ciertas piedras erguidas en determinados lugares. Esencialmente, Mestdagh había descubierto una civilización megalítica, una civilización que se había perdido en las arenas del tiempo. ¿Pero había sido así? Estaban las claras referencias a una isla, recordadas en el nombre Île-de-France, pero ¿podría este lugar haber sido realmente la mítica isla perdida de la Atlántida?

. . .

Afortunadamente para el historiador, Mestdagh no tuvo que creerlo. Ahora sabemos que la historia de la Atlántida fue contada a Platón por Solón, que había visitado Egipto y oído hablar de la ciudad perdida a los sacerdotes del templo local. Estos le proporcionaron las dimensiones exactas de la isla (3.000 estadios), que Platón incorporó a su relato, que forma parte de una obra inacabada conocida como *Timeo*.

Y aquí es donde la cosa se pone interesante: El óvalo IV puede inscribirse dentro de un diamante (como cualquier óvalo) formado por lados iguales que miden 333 millas. Esta distancia se corresponde perfectamente con los 3.000 estadios que Platón mencionó como dimensiones de la Atlántida. Pero hay más. Platón sitúa la Atlántida en un terreno relativamente llano, y la sitúa entre las montañas y el mar.

En efecto, el óvalo IV está situado en un terreno relativamente llano, y se sitúa entre las montañas (los Alpes) y el mar (el Mediterráneo). Platón añade que la distancia desde la Atlántida hasta el mar es de 2.000 estadios, o 222 millas, exactamente la distancia desde el punto más meridional del diamante hasta la costa mediterránea. Por último, utilizando el sistema de caminos, Mestdagh pudo trazar los "10 reinos de la Atlántida" mencionados por Platón, concluyendo que la zona dentro del óvalo I era el "reino medio" y que la zona entre el óvalo I y el óvalo IV contenía los otros nueve reinos. Otro filósofo griego, Proclus, se refirió a un texto de Marcelo en el que se afirmaba que la anchura del reino medio de la Atlántida era de 1.000 estadios, ¡que en realidad es precisamente la anchura del Óvalo I! ¿Y puede ser "sólo" una coincidencia que haya una ciudad llamada Avalon, el nombre de una tierra mítica perdida en la tradición celta, situada en este mismo óvalo?

Mestdagh también encontró pruebas que apoyaban la idea de que la civilización megalítica era la Atlántida de la propia era megalítica.

Petit-Mont es un famoso *túmulo* (montículo de tierra y/o piedras sobre una tumba o tumbas) en torno al golfo de Morbihan, región conocida hoy principalmente por sus más de 4.000 piedras en pie, la mayoría alineadas en hileras en la ciudad de Carnac y sus alrededores. El túmulo data del año 4600 a.C. y es uno de los más significativos, aunque también el más brutalmente dañado, de Bretaña. Z. Le Rouzic fue uno de los primeros arqueólogos franceses que investigaron y restauraron activamente los monumentos megalíticos de Bretaña en la primera mitad del siglo XX. En el interior del túmulo, Le Rouzic identificó una serie de piedras que llevaban inscripciones a lo largo de las paredes interiores. La piedra M es una elipse de 18 radios y tradicionalmente se interpreta como una rueda solar. Pero Mestdagh sostuvo que se trataba en realidad de un mapa de la Atlántida, que mostraba los más de nueve reinos de la civilización perdida. Un análisis de los grabados alrededor de la "rueda solar" dio más peso a esta interpretación, ya que mostraba montañas al sur, las costas de Anglia Oriental y Kent, y el sistema fluvial del Rin y el Meno, revelando así que la "rueda solar" -la Atlántida-estaba situada en un lugar que la hacía encajar geográficamente a la perfección con la civilización megalítica de Mestdagh.

Se había encontrado la civilización perdida de la Atlántida. Nuestros antepasados habrían tardado siglos en construir esta civilización realmente gigantesca y sofisticada. Sabemos que la ciudad megalítica era una isla rodeada por un asombroso sistema de canales, y la etimología de la palabra *isla nos* proporciona quizá la mejor pista sobre su forma. Por ejemplo, en neerlandés es *eiland*, que significa "tierra de huevo" o "la tierra en forma de huevo", un óvalo. La palabra inglesa "island" viene de *is-land* o *ys-land*, y es en Bretaña donde se cuenta la historia de la tierra ahogada de Ys. En la historia, se utilizan diques para proteger la isla del mar; increíblemente, diques es precisamente lo que Mestdagh encontró allí.

· · ·

Creo que Sens fue la capital, el centro espiritual sagrado, de la Atlántida. Sin duda por eso sus habitantes eran conocidos como los *Senones*, "los ancianos", en la época celta. Su carácter sagrado también quedó patente en la época medieval, cuando sus arzobispos ostentaban el prestigioso título de Primado de Galia y Alemania, un honor extraordinario que los libros de historia han tenido grandes dificultades para explicar. El hecho de que el propio César estacionara su ejército en Sens refuerza aún más la idea de que Sens tuvo una gran importancia histórica. César sabía que los druidas eran sus adversarios más peligrosos. Se propuso silenciarlos y exterminarlos, y es famosa su persecución y posterior acorralamiento en Inglaterra, en la isla de Anglesey. ¿Estacionó César su ejército en Sens porque era su cuartel general francés?

Sens como centro del mundo megalítico puede parecer extraño, dada nuestra perspectiva moderna de la historia de esa zona. Hoy en día, los megalitos de Carnac son mucho más conocidos.

La industria turística tiene parte de culpa en ello. En 1880 se elaboró un inventario de todos los megalitos franceses existentes, que se publicó en el *Bulletin de la Société d'Anthropologie de París*. El informe muestra claramente que la mayor concentración de megalitos (261 de 509 bolsas) se encuentra en Sens y sus alrededores. Aunque la mayoría de ellos desaparecieron a principios del siglo pasado, debido a la invasión de la civilización y a las contingencias de nuestra era moderna, la zona que rodea Sens estuvo antaño literalmente plagada de megalitos. Era el centro de un mundo perdido: el Walhalla.

Los arqueólogos tienden a ver los monumentos megalíticos totalmente aislados. Por ejemplo, los gigantescos círculos de piedra de Avebury se encuentran a sólo 12 millas al norte de Stonehenge, que es probablemente el monumento megalítico más conocido del mundo. Sin embargo, los arqueólogos profesionales apenas han investigado para averiguar qué puntos en común, si los hay, existen entre ambas estructuras, aunque es un hecho evidente que los habitantes de Stonehenge conocían Avebury, y viceversa. La metodología de investigación de Mestdagh demostró que no debemos considerar los complejos megalíticos de forma aislada -como suele hacer la arqueología-, sino como un todo coherente.

Esta idea coincide también con las conclusiones de Alexander Thom, según las cuales la civilización megalítica tenía una sede -una capital-en algún lugar. Esa capital ha sido identificada ahora como Sens.

Esto significa que entre 4500 y 1200 a.C. existió en

Europa una gran civilización de la que sabemos muy poco.

Lo que ahora llamamos sus habitantes -los pueblos megalíticos-demuestra que hemos dado primacía a este aspecto de su cultura, el tallado de la piedra y la tecnología que había detrás. Pero el descubrimiento de Mestdagh desveló varias facetas más de esta civilización que estaba claramente a la altura, si no por encima, del antiguo Egipto.

De hecho, esta es precisamente la razón por la que se habló a Solón de esta ciudad cuando visitó Egipto. Pero mientras que existen miles de libros sobre el antiguo Egipto, apenas se sabe nada de la civilización megalítica del norte de Europa. Ha desaparecido por completo de las páginas de la historia, y si no hubiera sido por unos pocos sacerdotes egipcios, Solón y Platón, podría haberse perdido para siempre.

Cuando Mestdagh centró su investigación en Stonehenge y Avebury, encontró restos de una calzada ovalada que conectaba ambos sitios. En realidad, la calzada se extiende más allá de los dos yacimientos. Al trazarlo en un mapa, descubrió que dos tercios de este óvalo seguían existiendo y que sus dimensiones eran exactamente la décima parte de las dimensiones del Óvalo II de Francia. Con esta información matemática, tenía la prueba innegable de que los constructores de megalitos de Francia conocían a los constructores de megalitos de Inglaterra.

Todo lo que ocurrió durante más de tres milenios en el norte de Europa se ejecutó de acuerdo con un plan de diseño tan grandioso que desafía la creencia. Pero eso es precisamente lo que fue la civilización perdida de la Atlántida.

Está claro que los antiguos egipcios conocían la civilización perdida de la Atlántida. Cuando Solón llegó a Egipto, la civilización megalítica de la Atlántida ya era cosa del pasado. Pero el antiguo Egipto era una civilización próspera cuando floreció la civilización megalítica, entre 3500 y 1200 a.C. En la mitología egipcia, el Más Allá se identificaba como una isla en el oeste atravesada por canales, y se representaba como un óvalo cerrado formado por el cuerpo de Nut, coronado por Osiris sosteniendo en alto el Disco Solar.

Este equivalente egipcio del Walhalla era conocido como el Sekhet-hetep, el Campo de las Ofrendas. Los egiptólogos han interpretado estos "mitos" como producto de la imaginación de los antiguos egipcios. Existe una interpretación alternativa, que demuestra claramente que Sekhet-hetep fue real y existió en Francia.

La existencia de algún tipo de comunicación entre la civilización megalítica y Egipto fue aceptada en su día en los círculos arqueológicos. El antropólogo italiano Guiseppe Sergi registró el hallazgo del signo del ankh y otros signos jeroglíficos en varios dólmenes franceses.

El profesor J. Morris Jones confirmó la sugerencia de Sir John Rhys de que las lenguas celtas conservaban una sintaxis hamítica egipcia: "Los modismos prearios que aún perviven en galés e irlandés derivaban de una lengua aliada del egipcio y de las lenguas bereberes" (Rolleston, 2006). El arqueólogo francés Letorneau señaló en 1893 en el *Bulletin de la Société d'Anthropologie* que "los constructores de nuestros monumentos megalíticos procedían del sur y estaban emparentados con las razas del norte de África". En los círculos arqueológicos modernos, sin embargo, ésta es una opinión muy impopular; la creencia políticamente correcta actual es que todas las culturas se desarrollaron de forma totalmente independiente unas de otras, rechazando lo que ahora se considera una perspectiva colonial anticuada según la cual cualquier cultura podría haber sido incapaz de lograr hazañas extraordinarias (como la construcción de la Gran Pirámide) por sí sola. Pero cuando se trata de la civilización megalítica de la Atlántida, esta postura se invierte y los arqueólogos sostienen que nunca existió una civilización monolítica.

El material de Mestdagh sólo se puso a disposición del público holandés, por lo que las investigaciones posteriores a su muerte en 1990 han sido limitadas. El investigador holandés Wim Zitman ha estudiado las conclusiones de Mestdagh y ha observado que las dimensiones de la civilización atlante contenían una serie de números relacionados matemáticamente con la estrella Sirio. Sirio es la estrella más brillante del cielo y es sagrada en muchas culturas, pero en ninguna tanto como en el antiguo Egipto.

Zitman argumenta que los antiguos trabajaban con la noción de que el tiempo era igual a la distancia -un concepto que es esencialmente correcto, ya que ahora sabemos que el tiempo y el espacio son idénticos-y que cuando uno mide las distancias entre monumentos antiguos, a menudo encuentra números que corresponden a ciertas medidas astronómicas. Los antiguos, argumenta, observaban el cielo y los acontecimientos astronómicos, y los incorporaban a sus construcciones terrenales para reflejar un aspecto de la famosa máxima "Como es arriba, es abajo"; en este caso, lo que se veía en los cielos se reflejaba en la tierra en los trazados sagrados de estas estructuras. Zitman, en su libro *Egipto: Image of Heaven*, ha demostrado cómo ocurría esto en el antiguo Egipto. Pero está claro que para cartografiar determinados cuerpos astronómicos y constelaciones no todo podía hacerse desde Egipto. Se sabe, por ejemplo, que los antiguos científicos griegos viajaron tan al norte como las Hébridas Exteriores escocesas, donde se encontraba el círculo de piedra de Callanish. La ubicación de esta estructura megalítica no era casual, ya que sólo en esa latitud septentrional podían observarse determinados acontecimientos astronómicos (los relacionados con la Luna, por ejemplo).

Del mismo modo, aunque el descubrimiento de Mestdagh de la red de calzadas radiales que emanan del centro como los radios de una rueda podría haber sido recibido con incredulidad por los arqueólogos, en realidad no es el único sistema de calzadas de este tipo que existe, ni siquiera es el más antiguo, con 5.000 años de antigüedad.

En la década de 1930, el arqueólogo aficionado francés Xavier Guichard publicó los resultados del estudio que había realizado durante toda su vida sobre el topónimo *Eleusis*. Hay una ciudad que lleva ese nombre tanto en Grecia como en Egipto. De las dos, la griega es la más famosa por albergar los misterios de Eleusis. En la mitología también existen los Campos Elíseos, íntimamente relacionados con el Más Allá y que pueden considerarse el equivalente griego del Walhalla nórdico. Guichard publicó sus hallazgos en un libro titulado *Eleusis Alesia*, un estudio sobre los orígenes de la civilización europea. Publicado en 1936, tuvo una tirada de 500 ejemplares, varios de los cuales se perdieron posteriormente. Cuando un amigo mío sacó el ejemplar de la biblioteca principal de la ciudad francesa de Lyon, en 1997, hacía más de dos décadas que no se consultaba. Según Guichard, todos los lugares llamados Alesia (o similares) habían recibido ese nombre en la prehistoria. Ni una sola localidad había sido bautizada con ese nombre en épocas más recientes, lo que significa que estos lugares debían de haber sido bautizados en tiempos muy antiguos. Creía que el nombre derivaba de una raíz indoeuropea que significaba "punto de encuentro al que viajaba la gente". La mayoría de estos yacimientos se encuentran en Francia, donde llegó a haber más de 400, mientras que otros se encuentran en Polonia y España, y en lugares tan lejanos como Grecia y Egipto. Curiosamente, Guichard no pudo encontrar topónimos de este tipo en Gran Bretaña, lo que sugiere que estas ciudades se remontan a la época de la última Edad de Hielo, cuando Gran Bretaña estaba cubierta por gruesas capas de hielo y no era apta para la habitación humana.

Guichard, al igual que Mestdagh, se propuso visitar personalmente la mayoría de estos lugares. Descubrió que todos tenían dos rasgos característicos en común: estaban situados en una colina con vistas a un río y estaban construidos alrededor de un pozo artificial de agua salada o mineral. Al cartografiar su ubicación, se dio cuenta de que todos los yacimientos se encontraban en líneas que irradiaban, como los radios de una rueda, desde la ciudad de Alaise, en el este de Francia. Esto es un eco de lo que Mestdagh descubrió en Sens. Guichard creía que 24 líneas radiales equidistantes, más cuatro líneas alineadas con la salida y puesta del sol en los dos equinoccios y los solsticios de verano e invierno, unían los distintos yacimientos. El resultado era un total de 28 líneas, lo que indicaba, tal vez, una conexión lunar y sugería que nuestros antepasados fueron capaces de cartografiar la Tierra hace 12.000 años.

Por supuesto, la Atlántida se hundió hace 12.000 años, al menos según Platón. Pero toda la información que hemos recogido hasta ahora sugiere que terminó en algún momento alrededor del año 1200 a.C. Así que, aunque es innegable que la civilización megalítica de Sens tenía las mismas dimensiones y estaba situada en el mismo lugar que la Atlántida de Platón, el calendario no cuadra. ¿Qué conclusión podemos sacar de todo esto?

Para Mestdagh, la respuesta estaba en la posibilidad de que el número de años que se citaba a Solón no se refiriera a años solares, sino lunares.

Si esto es cierto, se obtendría una fecha final de hacia 1200 a.C., que coincidiría con la información proporcionada a Solón por los sacerdotes del templo egipcio. Pero no podemos estar seguros de que éste sea el enfoque correcto.

Si tomamos la información de Platón como el evangelio, hay varias posibilidades: alguien se confundió y se equivocó sobre las fechas de la civilización atlante; dos leyendas separadas se hicieron de alguna manera una, con otra civilización perdida en algún lugar que se encuentra que tiene 12.000 años de antigüedad; o la civilización megalítica de Sens no era, de hecho, la verdadera Atlántida. Está claro que las dimensiones de la Atlántida son idénticas a las de la civilización megalítica de Sens. Y a menos que los diversos análisis de las civilizaciones megalíticas estén equivocados, los megalitos del noroeste de Europa no datan de hace 12.000 años. Lo que deja una opción, que por el momento tiene que ser nuestra hipótesis de trabajo, a saber, que la civilización megalítica, en sí misma una verdadera civilización perdida, fue construida como una copia, una réplica perfecta, de *otra* civilización que una vez se perdió a sí misma y que era de hecho mucho más antigua. En otras palabras, *la Atlántida original.*

Aparte del marco temporal, todo lo relacionado con esta civilización megalítica encaja con lo que sabemos de la

Atlántida. La datación de la civilización megalítica en sí se basa en la proximidad, es decir, en el material hallado sobre y alrededor de las diversas piedras erguidas.

Creo que puede haber habido dos fases diferenciadas: la construcción original, que tuvo lugar hace unos 12.000 años, y lo que se añadió más tarde, hacia el 4000 a.C. y en adelante, cuando la gente vino y reparó las estructuras, recreando esencialmente la Atlántida perdida. Por supuesto, se trata de una hipótesis que actualmente es imposible validar, pero a menudo eso sólo significa que la verdad está ahí fuera, esperando a ser descubierta.

2

La lluvia radiactiva en el valle del Indo

La civilización del valle del Indo arraigó en las inmediaciones del valle del Indo (actual noroeste de la India/sureste de Pakistán) en el año 7000 a.C.. Aquí, en esta región ahora árida, floreció una antigua civilización, con paisajes urbanos plenamente desarrollados.

La Civilización del Valle del Indo también se conoce como la Civilización Harappan debido a su asociación con la ciudad de Harappa. La cronología de esta dinámica sociedad suele dividirse en las siguientes épocas:

- Pre-Harappan (7000 a.C.-5500 a.C.)
- Harappan temprano (5500 a.C.-2800 a.C.)
- Harappan maduro (2800 a.C.-1900 a.C.)
- Harappan tardío (1900 a.C.-1500 a.C.)
- Post-Harappan (1500 a.C.-600 a.C.)

. . .

La civilización Harappan/Valle del Indo estaba al menos tan avanzada como Mesopotamia y el antiguo Egipto, y en algunos casos parece haberlas superado en desarrollo. Pero, por excepcional que fuera esta civilización, su existencia se perdió para la historia durante mucho tiempo, oculta bajo el polvo de los siglos hasta que fue descubierta hace aproximadamente un siglo. Lo que se ha descubierto desde entonces es asombroso.

Esta sociedad era extraordinariamente avanzada para su época. Las ciudades contaban con sistemas de alcantarillado e incluso las viviendas disponían de un tipo de inodoro con cisterna que permitía a los habitantes arrojar los residuos por un acueducto que salía de la ciudad. Las viviendas del Valle del Indo también estaban equipadas con "captadores de viento" que se colocaban en el tejado para ayudar a hacer circular el aire dentro de la estructura. Los arqueólogos se sorprendieron mucho al ver esta forma primitiva de "aire acondicionado" en un yacimiento tan antiguo, pero el Valle del Indo está lleno de sorpresas.

De hecho, cuanto más han aprendido sobre el Valle del Indo, más han tenido que reescribir los historiadores lo que creían saber sobre la historia. Las dos excavaciones principales son Harappa y otra gran metrópolis conocida como Mohenjo-daro. "Conocida como" porque, aunque esta antigua ciudad llegó a tener una población de 50.000 habitantes, en realidad nadie sabe cómo se llamaba.

El nombre de Mohenjo-daro fue dado a la ciudad por los primeros que tropezaron con ella; traducido a grandes rasgos, significa "Montículo de los Muertos". No es precisamente un nombre llamativo para una gran civilización urbana de antaño, pero se quedó.

Junto con Harappa y Mohenjo-daro, la civilización del valle del Indo en su conjunto llegó a tener millones de habitantes.

Pero entonces ocurrió algo. Alrededor del año 1900 a.C., esta civilización, antaño grande y bulliciosa, empezó a deteriorarse. Algunos han postulado que las tribus vecinas del norte podrían haberse abalanzado sobre ella y haberla tomado por la fuerza. Y eso es totalmente concebible, ya que, curiosamente, por muy poblada que fuera la civilización del valle del Indo, no parece haber tenido un ejército permanente ni siquiera defensas básicas. Habría sido más o menos un blanco fácil para cualquiera que reuniera una fuerza lo suficientemente grande y estuviera dispuesto a hacer un viaje hasta el valle del Indo para luchar.

Esto plantea otra cuestión sobre los asentamientos del valle del Indo: no están construidos ni situados de la misma manera que los yacimientos de otras civilizaciones antiguas.

Por lo general, los asentamientos antiguos se construyen poco a poco.

Se construye un templo, unas cuantas casas, una casa de baños, unas cuantas casas más: es un proceso gradual a lo largo de muchos años.

Lo extraño de los asentamientos del valle del Indo es que todos parecen haber sido construidos más o menos al mismo tiempo. Parece como si alguien con grandes recursos y mano de obra simplemente llegara al lugar y empezara a construir ciudades enteras siguiendo un plan cuidadosamente predeterminado, un método de construcción muy inusual para esta época. Los edificios se construyeron con un único propósito y, por alguna razón, los planes de construcción no incluían murallas ni estructuras defensivas de ningún tipo.

. . .

Otra teoría de por qué la civilización del valle del Indo entró en declive es la que se utiliza para muchas otras civilizaciones muertas: la amenaza del cambio climático. Se cree que la región empezó a sufrir graves sequías y que la principal fuente de agua, el río Sarasvati, prácticamente se secó.

Esto no sólo habría dejado a los habitantes sin agua potable, sino que también habría provocado que todos sus cultivos, cuidadosamente regados, se secaran y marchitaran.

Sin embargo, una de las explicaciones más extrañas de la desaparición de la civilización del valle del Indo es nada menos que la guerra atómica. Sí, sé que suena ridículo.

¿Armas atómicas en el mundo antiguo? ¿Por qué alguien trataría siquiera de hacer tal afirmación? Pues bien, por descabellada que pueda parecer la afirmación, hay algunas anomalías bastante extrañas en el yacimiento que parecen respaldarla.

En primer lugar, se ha detectado una cantidad inusual de radiación en el lugar. Eso fue suficiente para hacer girar las ruedas conspirativas. Luego está el ya mencionado "montículo de los muertos". No es sólo un nombre: otra cosa extraña de este yacimiento arqueológico es que se pueden encontrar montones y montones de personas que parecen haber sido asesinadas casi todas a la vez. Si a esto le unimos la radiación, la imaginación empezó a volar. De repente, la gente se imaginaba una tremenda explosión nuclear que mató a todos esos antiguos habitantes del valle del Indo a la vez: "Oh, esos pobres viejos Harappanos ni siquiera sabían lo que pasó cuando fueron lanzados al olvido. Fueron incinerados mientras estaban sentados a la mesa tomando el té, o disfrutando de un placentero baño en la casa de baños -muertos instantáneamente, justo donde estaban, por una antigua bomba atómica".

Algunos, hay que decirlo, han sugerido que los túmulos de los muertos eran simplemente túmulos funerarios ordinarios.

Pero la extraña posición de los restos óseos no concuerda exactamente con la forma en que la mayoría de los pueblos antiguos enterraban a sus muertos. Los antiguos, al igual que nosotros, tenían cuidado a la hora de enterrar a sus muertos. Lo normal era tumbar al difunto boca arriba y cruzar las manos sobre el pecho. Sin embargo, los enterrados en estos túmulos adoptaban posturas extrañas. Algunos estaban boca abajo, otros de lado, otros tendidos como si hubieran salido despedidos hacia atrás. Algunos incluso parecían haber sido derribados de sus sillas y muertos en una posición sentada (¿alguien quiere té?).

Para hacer las cosas aún más interesantes, existe una antigua obra sánscrita llamada Mahabharata en la que se describen ciudades como la malograda Mohenjo-daro que son arrasadas por armas fantásticas que suenan extrañamente parecidas a las bombas nucleares. Un pasaje del Mahabharata describe una terrible guerra en el norte de la India, y el conflicto recuerda inquietantemente a una guerra nuclear total:

Un único proyectil cargado con todo el poder del universo. Una columna incandescente de humo y llamas tan brillante como los mil soles se elevó en todo su esplendor.

Era un arma desconocida, un rayo de hierro. Un gigantesco mensajero de la muerte... que redujo a cenizas... a toda la raza de los Vrishnis y Andhakas... Los cadáveres estaban tan quemados que resultaban irreconocibles...

. . .

Se les cayeron el pelo y las uñas... La cerámica se rompió sin causa aparente...

Y los pájaros se volvieron blancos... Al cabo de unas horas todos los alimentos estaban infectados...

Para escapar de este fuego los soldados se arrojaron a los arroyos para lavarse y lavar su equipo.

Esto se parece mucho a los efectos de una explosión nuclear, en la que aquellos que no son desintegrados inmediatamente (como parece que ocurrió con la totalidad de los Vrishnis y Andhakas) son sometidos a una lluvia radioactiva que hace que se les caigan el pelo y las uñas. Los alimentos también están contaminados debido a la radiación residual de una explosión atómica. Incluso la frase inicial, sobre el "proyectil cargado con todo el poder del universo", por grandiosa que suene, tiene algo de verdad, ya que la división del átomo es, en efecto, el aprovechamiento de fuerzas fundamentales del propio universo.

. . .

Luego está la frase sobre las tropas que saltan a los ríos para limpiarse a sí mismas y a sus equipos de la lluvia radiactiva.

Eso es exactamente lo que ocurrió en Japón al final de la Segunda Guerra Mundial, cuando las bombas atómicas cayeron sobre Hiroshima y Nagasaki. También allí se vio a los supervivientes saltar al río desesperados para quitarse la radiación que les quemaba la piel.

No estoy diciendo que una bomba nuclear acabara con la civilización del valle del Indo, pero, a la luz de todas estas rarezas anecdóticas, la desaparición final de los Harappan parece bastante extraña. Quizá algún día obtengamos alguna pista vital y sepamos qué ocurrió, pero hasta entonces sólo podemos hacer conjeturas.

3

Petrificados en Petra - La civilización nabatea

La civilización nabatea tiene sus raíces en una inquieta tribu de beduinos árabes que acabaron por llegar a la actual Jordania, donde fundaron la ciudad de Petra, que se convertiría en su gran capital. Esta ciudad es única porque fue excavada en la ladera de una montaña. Era un lugar insólito para fundar una ciudad, pero los hábiles ingenieros nabateos lo consiguieron, y la muralla rocosa que la rodeaba se convertiría en una formidable defensa contra cualquier huésped no invitado.

Petra alcanzó su apogeo en torno al siglo I d.C.. Con su gran rey Aretas IV, los nabateos prosperaron y le mostraron su gratitud construyéndole un ornamentado mausoleo que más tarde se conoció como al-Jazneh (el Tesoro) porque guardaba todo tipo de tesoros entre sus paredes de roca. Sin embargo, la mayor genialidad de Petra fue el modo en que los nabateos diseñaron conductos, presas y cisternas para poder utilizar el agua de lluvia incluso en épocas de sequía. Esto era, por supuesto, increíblemente beneficioso en el entorno desértico de la región.

Sin embargo, el reino entró en decadencia cuando los romanos tomaron medidas drásticas en 106 d.C. Los nabateos habían sido amigos de los romanos durante algún tiempo. Los nabateos habían sido amistosos con los romanos durante algún tiempo; incluso el famoso rey Herodes de Judea (basta pensar en la historia de la natividad navideña) era hijo de una princesa nabatea. Con el tiempo, sin embargo, la amistad no fue suficiente para los romanos, y en el año 106 d.C. anexionaron el reino nabateo directamente al Imperio Romano. Los romanos dejaron su huella en Petra añadiendo puertas y otras estructuras de estilo romano al complejo.

El dominio romano se vio interrumpido por un gran terremoto en el siglo IV, que arruinó muchas de estas estructuras, pero los sucesores del Imperio Bizantino retomaron la ciudad y gobernaron durante otros cientos de años antes de abandonarla. A partir de entonces, la civilización nabatea de Petra fue decayendo hasta que la legendaria ciudad excavada en la roca pareció desaparecer por completo. Con el tiempo, sólo unos pocos pastores nómadas que utilizaban sus ruinas como refugio temporal cuando pasaban por la zona supieron de la existencia de Petra.

Fue redescubierta en 1812 por Johann Ludwig Burkhardt, un explorador suizo. Burkhardt era un joven aventurero de 27 años, alegre y despreocupado, y después de enterarse de que un investigador alemán había sido víctima de un crimen cuando intentaba encontrar una ciudad misteriosa, decidió que él mismo lo intentaría. Llámenlo audaz, intrépido o simplemente loco: estaba decidido a encontrar Petra. Sin embargo, antes se aseguró de hacer los deberes, y se instaló en El Cairo (Egipto), donde estudió la lengua y la cultura árabes hasta que estuvo seguro de que podría integrarse lo suficientemente bien como para no ser tomado (o considerado) como un forastero. Incluso llegó a adoptar un nombre árabe, llamándose Jeque Ibrahim Ibn Abdallah. Burkhardt logró mezclarse con la población local y atravesó Jordania hasta llegar a Petra, un lugar prácticamente abandonado.

Esta ciudad, antaño perdida, se ha convertido en una importante atracción turística y en Patrimonio de la Humanidad de la UNESCO. Entretanto se han hecho varios descubrimientos más, como la recuperación de pergaminos bizantinos en la década de 1990 que arrojaron mucha luz sobre cómo era la región en tiempos del Imperio Bizantino. También se ha descubierto recientemente un nuevo monumento bajo varias capas de tierra y escombros. Algunos especulan que se trata de las ruinas de un templo, mientras que otros afirman que es un foro político donde los nabateos discutían los asuntos del momento. Parece que las maravillas de Petra no han hecho más que empezar a salir a la superficie.

4

Los minoicos desaparecidos

LA CIVILIZACIÓN minoica existió en la isla de Creta entre los años 3000 y 1450 a.C. A menudo se cita a los minoicos como la primera civilización avanzada de Europa. Al igual que sus homólogos de Oriente Próximo y Oriente Medio, construyeron impresionantes infraestructuras. Los minoicos son especialmente conocidos por sus grandes palacios de cuatro pisos, cuyas paredes estaban cubiertas de hermosos frescos ornamentales.

Estos frescos nos dan una idea de cómo era la vida minoica. Los frescos representan a hombres y mujeres en sus quehaceres cotidianos. Las representaciones de toros ocupan un lugar destacado, y se cree que el toro era sagrado para los minoicos, venerado por su poder y fertilidad. Hay varios frescos que representan un ritual en el que los minoicos literalmente "agarran al toro por los cuernos", tras lo cual proceden a voltearse sobre el lomo del animal.

Debía de ser increíble ver a estos acrobáticos jinetes de toros en acción, pero no se trataba sólo de un entretenimiento, sino también de una parte vital de su religión sagrada.

Otro aspecto que los arqueólogos han destacado de la cultura minoica es que parece haber sido matriarcal. Las mujeres desempeñaban un papel importante tanto en la religión como en el gobierno de la civilización minoica. Se trata de una cualidad poco común, ya que la mayoría de las sociedades de la época eran estrictamente patriarcales. Pero no era así en Creta. Los ministros de la religión minoica parecen haber sido casi exclusivamente mujeres, y la propia religión parece haber abrazado la forma femenina de maneras francamente sorprendentes en comparación con sus contemporáneos. Por ejemplo, mientras que otras religiones solían considerar "impuras" a las mujeres que menstruaban, los minoicos celebraban abiertamente esta parte de la vida de la mujer.

. . .

Una teoría sobre lo que acabó ocurriendo con la civilización minoica es que los hombres simplemente se cansaron de vivir en un matriarcado y decidieron rebelarse contra él. ¿Hubo realmente una especie de batalla literal de sexos entre los antiguos minoicos? Tal vez. Pero esto es sólo una teoría, y hasta la fecha no hay pruebas reales que la respalden.

En cualquier caso, los minoicos fueron una civilización fuerte y vibrante durante varios siglos. Los asentamientos minoicos eran avanzados para su época. Incluso disponían de una forma primitiva de fontanería interior, algo realmente raro en el mundo antiguo. Los minoicos también utilizaban herramientas, creaban arte y tenían su propia forma de escritura. Se comunicaban con el resto del mundo a través de una bulliciosa red comercial que se extendía por el Mediterráneo y Oriente Próximo. Eran expertos en comercio y mercantilismo desde la fundación de su civilización alrededor del año 3000 a.C., y se cree que fueron los primeros mercaderes quienes acabaron convirtiéndose en la realeza que ocupaba los palacios.

El llamado periodo "minoico medio", que comenzó hacia el 1700 a.C., se caracterizó por una gran agitación. Parece ser que se produjo una gran catástrofe, ya fuera una invasión exterior o una erupción volcánica que diezmó muchos de los palacios. Sin embargo, los minoicos pudieron recuperarse rápidamente y se construyeron nuevos palacios. La civilización minoica de este periodo ejerció una gran influencia en la cercana Grecia, que empezó a imitar la cultura minoica.

Las cosas iban bastante bien en Creta, e incluso cuando otro volcán entró en erupción en 1600 a.C., matando a muchas personas y destruyendo infraestructuras adicionales, los poderosos minoicos se recuperaron una vez más y reconstruyeron sus ciudades más grandes y mejores que nunca. Siguieron unos cien años de crecimiento.

De repente, los minoicos desaparecieron de la historia. Es posible que su muerte se debiera a una invasión desde la Grecia continental o a otra erupción volcánica masiva. Pero, por el momento, lo que ocurrió exactamente a los minoicos sigue siendo un misterio.

5

La enigmática Isla de Pascua

EL EXTRAÑO pedacito de tierra del Pacífico Sur que dio en llamarse Isla de Pascua fue descubierto por exploradores europeos en 1722. La isla estaba casi desierta, pero los centinelas de piedra (moai) que se erguían por todas partes dejaban claro que había estado muy poblada. Los moai eran estructuras megalíticas formadas por un torso y una cabeza gigante, cada una con rasgos faciales similares. Como había tantos y habían sido construidos con tanto esmero, era obvio que debían de ser importantes para los isleños. Y como las estatuas pesaban varias toneladas cada una, no había sido fácil fabricarlas y trasladarlas. Habría sido difícil incluso con equipos modernos, y sin ellos se habría necesitado un tiempo y una mano de obra inmensos.

· · ·

Entonces, ¿por qué lo hicieron? Quizá si profundizamos en los antecedentes y la historia de esta misteriosa civilización perdida, podamos obtener algunas pistas.

La isla se llamó de Pascua simplemente porque era Domingo de Resurrección de 1722 cuando un holandés llamado Jacob Roggeveen desembarcó en ella por primera vez. Aunque los isleños eran pocos, el equipo de Roggeveen pronto entró en contacto con ellos e intentó aprender todo lo que pudo sobre el lugar. Averiguaron que el nombre ancestral de la isla era Te Pito Te Henua, que significa "El ombligo del mundo". A Roggeveen le pareció un nombre bastante elevado para una isla casi desierta, y los habitantes actuales no supieron explicar por qué la llamaban así.

Tampoco podían explicar el propósito exacto de los moai gigantes.

Pero tenían una leyenda asombrosa sobre cómo sus antepasados procedían originalmente de una isla pérdida que se había hundido bajo las olas. No, no estamos hablando de la Atlántida, sino de un lugar poco conocido que los habitantes de la Isla de Pascua llamaban Hiva.

· · ·

Según esta leyenda, los habitantes de Hiva habían sido advertidos del desastre. Cuando un sacerdote les avisó de que debían marcharse, recogieron sus posesiones y zarparon hacia la Isla de Pascua.

Nadie ha podido confirmar esta extraña historia, pero los arqueólogos han fechado por radiocarbono los primeros asentamientos de la isla de Pascua hacia el año 400 d.C. La isla está bastante alejada, a unos 3.000 km al oeste del continente sudamericano y a unos 1.100 km de la otra isla más cercana, Pitcairn. La mejor hipótesis que manejan los investigadores sobre el origen de los isleños es que procedían de la Polinesia y acabaron en la Isla de Pascua tras cientos de años saltando de isla en isla por el Océano Pacífico.

Gracias a un poco de trabajo detectivesco, finalmente se determinó que los moai gigantes estaban hechos de piedra extraída de una cantera situada en el cráter de un volcán inactivo. Se calcula que la construcción de las estatuas duró varios siglos y probablemente hasta el siglo XVII d.C. como mínimo. De algún modo, los isleños trasladaron estas enormes rocas por toda la isla para colocarlas a lo largo de la costa, de espaldas al océano, mirando al interior como si vigilaran. Estos centinelas de piedra no parecen estar vigilando contra amenazas externas, sino que son guardianes con cara de piedra de los propios habitantes de la Isla de Pascua.

¿Cómo las trasladaron? Existía una leyenda oral entre los habitantes de la Isla de Pascua que afirmaba que las estatuas habían "atravesado" la isla a pie. La mayoría lo tomaba como un cuento de fantasía, pero en 2011 dio una idea a un par de investigadores estadounidenses: Terry Hunt y Carl Lipo. Desarrollaron un sistema en el que dos equipos de personas tiraban de cuerdas atadas alrededor de la cabeza de la estatua.

Y esto, de hecho, hizo que pareciera que la estatua caminaba mientras se movía lentamente hacia delante con movimientos de giro y balanceo. Esto no sólo explicaba la leyenda, sino que también demostraba que era posible que los isleños movieran las enormes estatuas por sí solos. Aun así, mover un millar de ellas con un método tan tedioso les habría llevado muchísimo tiempo.

Al parecer, los isleños estaban absolutamente obsesionados con la construcción de estos gigantes de piedra. Las pruebas arqueológicas demuestran que la isla de Pascua tuvo un gran bosque, pero la deforestación provocó problemas con el suelo. Esto dificultó la producción de cultivos suficientes para alimentar a la población de la isla. Pero incluso con estos problemas, la construcción de estatuas de piedra parece haber sido la prioridad número uno en la isla.

Sin embargo, a medida que los recursos de la isla se hacían más y más escasos, su población entró en un declive crítico.

En 1722, cuando Jacob Roggeveen desembarcó por primera vez en la isla, sólo quedaban unas 3.000 personas, y la situación no hizo más que empeorar. Una expedición británica enviada en 1774 descubrió que la población se había reducido a unos pocos cientos.

Al reconstruir la historia a partir de la tradición oral y las excavaciones arqueológicas, parece que los habitantes de la isla de Pascua estallaron en una guerra civil entre dos facciones llamadas, curiosamente, los Orejas Cortas y los Orejas Largas. ¿Fue esta lucha interna lo que los condenó?

¿O su cultura se desintegró lentamente debido a la deforestación? Los misterios de esta isla siguen desvelándose.

6

Los Anasazi - ¿Los antiguos alienígenas originales?

LOS ANASAZI SON un grupo misterioso. El propio nombre deriva de una palabra navajo que significa literalmente "antiguos extraterrestres". Y aunque no estamos especulando con que los anasazi fueran extraterrestres, su civilización nos resulta tan misteriosa que bien podrían haberlo sido. Dado que no dejaron ningún registro escrito, nuestro principal conocimiento de esta civilización perdida procede del registro arqueológico.

Los anasazi vivían en la región de las Cuatro Esquinas del suroeste de Estados Unidos, cerca de la intersección de los actuales Colorado, Utah, Arizona y Nuevo México. La principal característica geológica de la zona es la meseta del Colorado, formada por enormes formaciones rocosas sobre grandes mesetas planas y profundos cañones. Sobre este escarpado telón de fondo, los anasazi construyeron impresionantes casas de piedra en la cima de las mesas y excavaron en las paredes rocosas.

Esto parece haber sido con fines defensivos. Los propios anasazi trepaban por cuerdas y escaleras para llegar a sus viviendas. Luego, cuando estaban a salvo y seguros dentro de sus edificios de piedra, podían simplemente subir las cuerdas y escaleras y seguir con sus vidas sin miedo a que ningún intruso viniera a atacarles.

La civilización anasazi se centró en torno a estas estructuras y duró unos 1.000 años antes de que los asentamientos fueran abandonados en algún momento alrededor del año 1300 d.C. Todos sus edificios tenían un aspecto bastante uniforme, y también contienen herramientas similares y cestas tejidas con un estilo único en la región.

Los Anasazi también fueron grandes constructores de carreteras, y muchas de las estructuras tenían caminos que las conectaban. Y cuando decimos "caminos", nos referimos a carreteras. No se trataba de simples senderos, sino de calzadas de unos 9 metros de ancho, que casualmente es la misma anchura que la mayoría de las carreteras modernas de dos carriles. Los antropólogos no esperaban semejante hallazgo, por lo que muchas de estas antiguas carreteras no fueron reconocidas como tales hasta la llegada de las imágenes por satélite.

No se sabe con exactitud para qué se utilizaban estos caminos, aparte del intenso tráfico peatonal, pero la red de caminos anasazi era enorme.

Se extendía a lo largo de unos 180 kilómetros en todas direcciones, con caminos que partían del fondo de los cañones, subían por rampas hasta las mesetas e incluso llegaban hasta la cima de las montañas. Algunos han bromeado diciendo que los antiguos anasazis debían de tener sus propios automóviles antiguos para circular por ellas, pero como nunca se han encontrado pruebas de que existieran vehículos, una razón mucho más probable para la existencia de las carreteras es facilitar el transporte de piedras de construcción desde las canteras.

Según los registros arqueológicos, esta civilización alcanzó su apogeo entre los años 800 y 1300 d.C.. En este periodo se produjo un repentino aumento de las construcciones complejas, con obras de albañilería de gran habilidad. Se transportaron piedras preciosas desde muy lejos para construir enormes complejos que, en algunos casos, contaban con salas lo suficientemente grandes como para albergar a cientos de personas. ¿Para qué servían estos enormes anfiteatros? Algunos han sugerido que se utilizaban para almacenar alimentos, mientras que otros insisten en que debían de ser centros de culto religioso. Pero nadie lo sabe realmente.

Entre los aspectos más extraños de la arquitectura anasazi están los petroglifos (dibujos rupestres) que pueden encontrarse en las paredes de las estructuras anasazi.

Hay diseños geométricos e incluso lo que parecen ser representaciones en espiral del sistema solar, así como extrañas y sorprendentes figuras que no parecen del todo humanas. Como cualquiera que esté familiarizado con el género de los Antiguos Extraterrestres/Astronautas podría suponer, estas extrañas imágenes han desencadenado una serie de teorías conspirativas sobre los anasazi. Una de las figuras, por ejemplo, se parece extrañamente a alguien con un traje espacial. El dibujo muestra a un ser de gran tamaño con lo que parece un casco espacial y todos los demás adornos de alguien listo para despegar hacia el cosmos.

Pero tanto si los anasazi estaban en contacto con antiguos astronautas como si no, lo cierto es que eran astrónomos dotados. Tenían un conocimiento muy refinado de los objetos celestes y rastreaban cuidadosamente las estrellas, la luna, el sol y otros planetas. Por supuesto, que conocieran los movimientos de los objetos celestes no significa que buscaran extraterrestres. Lo más probable es que utilizaran la astronomía para controlar las estaciones con fines agrícolas.

Por intrigantes que sean sus caminos y petroglifos, lo más desconcertante de los anasazi es cómo, cuando esta civilización estaba aparentemente en su apogeo, sus habitantes desaparecieron de repente de escena sin ninguna explicación obvia. Estos últimos años de los Anasazi deberían haber sido buenos, según los arqueólogos.

De hecho, parece que vivieron en el regazo del lujo. Se han descubierto tesoros de objetos muy preciados, como turquesas, conchas marinas y aves exóticas, todos ellos artículos que habrían sido valiosos para el comercio en esta época. Además, aunque la región de las Cuatro Esquinas presenta un terreno semidesértico, abundan los pinos ponderosa y los enebros que se remontan al periodo anasazi. Y los correspondientes anillos de los árboles parecen indicar que hubo abundantes precipitaciones durante este periodo, lo que significa que los anasazi probablemente tuvieron cosechas abundantes y un abundante suministro de alimentos.

. . .

Sin embargo, su civilización desapareció y son sus descendientes -los actuales Pueblo-quienes viven actualmente en la región. Los pueblos parecen haber surgido de los Anasazi alrededor del año 1400 d.C., cuando empezaron a avanzar hacia nuevos territorios alejados de la región de las Cuatro Esquinas. Sabemos que estas culturas están vinculadas porque algunas tradiciones de los anasazi se han transmitido. Por ejemplo, los Anasazi construían cuevas subterráneas, a las que se accedía por una escalera, con fines ceremoniales, y hay pueblos que aún llevan a cabo esta práctica.

Sin embargo, el misterio de lo que les ocurrió a los anasazi perdura. Y se vuelve más extraño cuando se sabe que muchas antiguas civilizaciones americanas desaparecieron misteriosamente de forma similar.

Por citar sólo el ejemplo más famoso, los mayas eran sin duda florecientes cuando dejaron sus majestuosos templos totalmente intactos y desaparecieron de la faz de la Tierra.

. . .

Este tipo de cosas son tan difíciles de explicar que han dado lugar a disparatadas teorías que van desde la abducción alienígena hasta el viaje en el tiempo (sí, se ha sugerido). Pero por muy insatisfactorio que resulte para nuestra curiosidad, lo único que podemos decir ahora mismo es que no lo sabemos.

7

Los Olmecas - La maravilla desconocida de los hombres de goma

EN EL APOGEO de su civilización, los antiguos olmecas fueron la sociedad más poderosa de Mesoamérica. Fueron los precursores de grandes civilizaciones posteriores, como la azteca y la maya, y su nombre deriva de la lengua azteca, el náhuatl. Los aztecas se referían al territorio de los olmecas como Olman, que significa "tierra del caucho", y llamaban a sus ciudadanos olmecas, que significa "gente del caucho".

El territorio olmeca estaba repleto de árboles de caucho de Panamá, y el comercio del caucho era una parte importante de la cultura. Los olmecas, al igual que los aztecas y los mayas, también eran aficionados a dar patadas a una pelota de goma, y algunos han señalado que las famosas cabezas de piedra olmecas casi parecen llevar cascos de fútbol de goma de la vieja escuela. ¿Por eso se llamaba a los olmecas el pueblo de goma? ¿Por qué iban por ahí con cascos de goma en la cabeza?

En cualquier caso, los olmecas se asentaron a lo largo de la costa mexicana del Golfo de México y su civilización se extendió aproximadamente entre los años 1200 y 400 a.C.

Los asentamientos olmecas mejor conservados se encuentran en las actuales localidades mexicanas de San Lorenzo y La Venta. Los arquitectos olmecas eran muy buenos tallando edificios de piedra y construyendo acueductos. También crearon una de las pirámides más antiguas de América. Pero las creaciones que más destacan son las impresionantes cabezas de piedra que se pueden encontrar por todos sus asentamientos.

Estas cabezas, que parecen llevar algún tipo de extraño casco, miran fijamente con una expresión sombría y estoica en sus rostros. En un complejo formado por una pirámide ceremonial escalonada con varios edificios más pequeños a su alrededor, se encuentran estas enormes cabezas de piedra mirando hacia fuera por todos lados.

¿Qué sentido tenían estas esculturas? ¿Estaban de guardia, vigilando la llegada de amenazas?

La explicación más lógica es que tuvieran algún propósito religioso. En muchos aspectos, las cabezas de piedra de los olmecas parecen similares a las de la Isla de Pascua, y los habitantes de esta isla adoraban a sus moai, que creían que eran encarnaciones de los espíritus de sus antepasados muertos. ¿Podrían los olmecas tener creencias similares?

Los olmecas contaban con una tradición religiosa rica y compleja, aunque todo lo que sabemos sobre ella debe basarse en hipótesis a partir de sus obras de arte y artefactos, ya que los escritos olmecas nunca han sido descifrados. Existen pruebas de que los olmecas tenían una clase sacerdotal que dirigía a los fieles. También sabemos que adoraban a varias deidades, muchas de las cuales eran mitad humanas y mitad animales. Una parecía ser mitad hombre, mitad jaguar; otra era el llamado "dragón del cielo".

Una de las esculturas más sorprendentes de los olmecas -y que ha suscitado bastante atención-es el llamado "antiguo astronauta a los mandos". Parece representar a un antiguo olmeca sentado en lo que parece una cabina de mando, con las manos accionando diales y palancas. En realidad, la escultura podría no tener nada que ver con los vuelos espaciales. Podría tratarse de una forma de simbolismo religioso que aún no comprendemos.

Además de excelentes escultores, los olmecas eran grandes comerciantes. Su red comercial incluía varios puestos avanzados que facilitaban el flujo de mercancías por toda Mesoamérica. Los olmecas exportaban sus esculturas y caucho e importaban por todas partes tallas de jade, joyas de obsidiana y otras mercancías diversas. Y es esta actividad comercial la que se ha utilizado para rastrear las etapas de su eventual declive.

En primer lugar, el asentamiento de San Lorenzo empezó a debilitarse y gran parte del comercio se trasladó a La Venta. Con el tiempo, La Venta también fue abandonada. ¿Qué fue de los olmecas?

Algunos creen que estaban condenados porque se negaron a diversificar su dieta. Las excavaciones arqueológicas han confirmado que los olmecas eran comedores quisquillosos cuyas comidas se centraban casi exclusivamente en la batata, la calabaza y el maíz. Cuando las presiones medioambientales dificultaron el cultivo de estos alimentos, los olmecas entraron en decadencia.

. . .

Si esto le parece una explicación absurdamente sencilla de por qué se desmoronó una gran civilización, no es el único, y desde entonces se han propuesto varias explicaciones alternativas. Una de ellas es que los olmecas perdieron una guerra contra uno de sus rivales. Otra es que el cambio medioambiental hizo que los ríos locales se encharcaran demasiado, reduciendo así el suministro de agua. Sea como fuere, todos esos centinelas de piedra silenciosos que dejaron atrás nos hacen dudar.

8

Resolver el enigma de
Angkor Wat

ANGKOR WAT ES un complejo de templos situado en Camboya, actual nación del sudeste asiático. El complejo se encuentra en Angkor, la antigua capital del Imperio Jemer.

En el siglo IX, los jemeres habían forjado un reino que luego se convirtió en una poderosa dinastía. Sus reyes eran conocidos como "varman", y fue el poderoso y astuto Suryay-varman II quien construyó Angkor Wat.

Su nombre significa "Ciudad de los Templos", y es un complejo de artefactos religiosos y templos del tamaño de una ciudad. Los jemeres eran hindúes devotos en la época de la construcción de Angkor Wat, y su Ciudad de los

Templos es un gran reflejo de esta fe. Se dice que las tres grandes agujas del templo principal representan las montañas de la eternidad, y el gran foso que rodea el complejo refleja las aguas eternas de la creación.

La idea errónea más común sobre el hinduismo es que se trata de una religión politeísta. Sin embargo, el hinduismo es en realidad "henoteísta". Se trata de un tipo de monoteísmo que insiste en que, aunque sólo hay un Dios, la deidad suprema tiene un alcance demasiado vasto para que nosotros, humildes seres humanos, podamos llegar a comprenderlo del todo. Por esta razón, la fuerza suprema nos ayuda un poco manifestándose de formas muy diversas.

Los 330 millones de dioses del hinduismo no son más que las múltiples manifestaciones de este ser supremo. Ese ser supremo, que parece permanecer en su mayor parte desprendido, habitando fuera del espacio y del tiempo, se denomina Brahma. Son las encarnaciones menores de Brahma, como Vishnu, el "preservador de la vida", y Shiva, el "destructor de la vida", las que actúan activamente en el universo. Angkor Wat se construyó para manifestar estas complejas creencias religiosas a través de la disposición del templo y sus esculturas.

. . .

El principal rival del Imperio Jemer era el reino Champa, situado en lo que hoy es el sur de Vietnam. Los jemeres y los champa luchaban continuamente por el territorio y los recursos, y el hecho de que los champa fueran budistas añadía otro elemento de tensión. Esto no quiere decir que no hubiera budistas en el Imperio jemer -sin duda los había-, pero el antagonismo religioso formaba parte del conflicto entre estos dos reinos vecinos.

Las cosas llegaron a un punto crítico en 1177 d.C., cuando los Champa invadieron con éxito el Imperio Jemer e irrumpieron en Angkor Wat. Finalmente fueron expulsados, pero el hecho de que su complejo de templos hubiera sido profanado parece haber tocado la fibra sensible de los jemeres. Algunos empezaron a cuestionar su fe, preguntándose: "¿Por qué no nos salvó Vishnu?"

Poco después de esta debacle, subió al poder un nuevo líder jemer llamado Jaya-varman VII, que era budista. Jaya-varman VII cambió el carácter de Angkor Wat rededicándolo al budismo. Puede parecer extraño que los jemeres adoptaran de repente la religión de sus enemigos, pero quizá después de todo lo que habían pasado, simplemente pensaron: "Bueno, si no puedes vencerlos, ¡únete a ellos!". En cualquier caso, por mucho cambio que pudiera parecer, el pueblo aceptó en general el cambio, y pronto la religión principal del Imperio jemer fue el budismo en lugar del hinduismo.

Tras su reorientación hacia la fe budista, Angkor Wat alcanzó otro punto álgido en el siglo XIV, pero a partir de entonces entró en un largo declive. Los lugareños rendían culto en el complejo cada vez menos, y empezaron a circular rumores de que los terrenos del templo estaban malditos por espíritus oscuros. Pronto sólo quedaron unos pocos monjes para mantener los enormes terrenos del templo.

Cuando los europeos se toparon con el lugar en el siglo XVI, estaba casi abandonado, con una densa vegetación selvática que amenazaba con apoderarse de todo el complejo.

El siguiente forastero que llegó a Angkor Wat fue un investigador francés llamado Henri Mouhot, en 1860. Fue Mouhot quien popularizó la idea de que la Ciudad del Templo había sido construida por una civilización perdida. En realidad, la civilización que construyó el templo no se había perdido. Los jemeres seguían allí, sólo que habían perdido el interés por lo que habían creado sus antepasados.

9

Los Misteriosos Mayas

LOS MAYAS HAN INTRIGADO a estudiosos y arqueólogos desde que se descubrieron sus ciudades abandonadas en el siglo XIX. Pero la historia del pueblo maya comenzó miles de años antes y, de hecho, nunca terminó. En la actualidad, unos seis millones de mayas viven en el sureste de México, Guatemala, Honduras y El Salvador, y aún hablan antiguos dialectos mayas que se remontan a sus misteriosos antepasados.

Pero ni siquiera estos mayas actuales sabrían decir por qué esas grandes ciudades fueron abandonadas para quedar ocultas entre árboles y vegetación crecida. Es cierto que los colonos españoles entraron en contacto con los últimos vestigios de la civilización maya y pasaron un par de cientos de años conquistando estos reductos, desde aproximadamente 1527 hasta 1697. Sin embargo, el verdadero corazón de la civilización maya había desaparecido mucho antes de la llegada de los europeos.

Las raíces de los mayas en la región se remontan al 2600 a.C. aproximadamente. Los primeros asentamientos de esta época se encuentran en la península mexicana de Yucatán.

Los mayas de estos primeros tiempos aún no eran un imperio poderoso, y aprenderían mucho de las civilizaciones que les precedieron, como los olmecas, mientras empezaban a forjar su propia gran civilización.

Los registros arqueológicos sugieren que los mayas empezaron a convertirse en una poderosa civilización alrededor del año 200 d.C.. En esta época, en las llamadas tierras bajas mayas, crearon algunos de sus primeros monumentos de piedra más importantes y empezaron a construir zonas urbanas a su alrededor. Éstas evolucionaron hasta convertirse en complejas ciudades-estado que se interconectaron entre sí hasta forjar todo un Imperio Maya. A finales del siglo IV, Teotihuacán se había convertido en la más poderosa de las ciudades mayas y conquistó las demás, iniciando así la dinastía Teotihuacán.

. . .

Es cierto que Teotihuacán es un nombre azteca, pero aunque los aztecas se apoderaron posteriormente de la ciudad, ésta fue fundada por los mayas. Otras ciudades mayas importantes fueron Palenque, Río Bec, Tikal, Copán, Calakmul y Uaxactuc.

Cada una de estas ciudades tenía una población de al menos 50.000 habitantes y todas ellas compartían planes de construcción similares, en los que los palacios, las plazas comunales, los templos y los campos de pelota (donde los mayas golpeaban una pelota de goma) eran elementos comunes. Estas ciudades estaban rodeadas de enormes granjas donde la clase baja trabajaba para cultivar lo suficiente para mantener a toda la población.

Sí, la igualdad no era exactamente un hecho en la sociedad maya. En su jerarquía, eran los k'uhul ajaw o "señores sagrados" quienes mandaban. Los señores sagrados afirmaban descender de los dioses y gobernaban por una especie de derecho divino basado en la familia. Los k'uhul ajaw eran también intermediarios directos entre la humanidad y los seres celestiales que los mayas veneraban.

. . .

Además de perfeccionar su arte de gobernar, su estructura social y sus creencias religiosas, los mayas realizaron avances impresionantes en astronomía y matemáticas. Descubrieron el uso del cero independientemente del resto del mundo.

También desarrollaron calendarios precisos para marcar tanto los 365 días del año como su infame "cuenta larga", que numera los días con unos 5.000 años de antelación.

Fue el calendario maya de cuenta larga el que causó tal frenesí en 2012 porque su "13° b'ak'tun" llegó a su fin el 21 de diciembre de ese año. Ahora bien, el b'ak'tun no era más que un marcador de tiempo para los mayas, y aunque otros insinuaron repetidamente que el final del 13° b'ak'tun daría lugar a algún tipo de gran tumulto apocalíptico, los propios mayas nunca lo sugirieron realmente. Era el fin de una era, sí, pero no el fin del mundo.

Sin embargo, los mayas también habían utilizado su gran habilidad con la astronomía para predecir con exactitud que se produciría una alineación planetaria en el solsticio de invierno del 21 de diciembre de 2012. Ciertos teóricos de la conspiración se aferraron a este hecho para afirmar que el movimiento de los cuerpos celestes en la alineación de alguna manera deletrearía nuestra perdición a través de cataclismos increíbles tales como cambios polares y similares. Obviamente, como estas palabras se están escribiendo en la década de 2020, nada de esto ha sucedido.

Los mayas continuaron avanzando como una gran civilización en Mesoamérica, alcanzando su punto álgido hacia el año 1000 d.C.. Permanecerían en un estado de incuestionable dominio regional, prosperidad y paz hasta el siglo XIV. En ese momento, la sociedad maya empezó a inquietarse y, aunque aún no se sabe con certeza cuál fue la causa de este conflicto interno, los mayas empezaron a abandonar rápidamente muchas de sus grandes ciudades.

Cuando los conquistadores españoles llegaron a Yucatán, los mayas no eran más que una sombra de lo que habían sido. Sólo conservaban unas pocas ciudades clave, y sus principales capitales y enormes templos piramidales estaban prácticamente abandonados. Los españoles especularon en un principio con que los mayas habían sido expulsados por algún otro grupo indígena. Sin embargo, esta teoría carece de sentido por varias razones.

· · ·

En primer lugar, los mayas estaban en la cima de su juego en aquellos días. Ninguno de los otros pueblos de Mesoamérica podría haber supuesto una amenaza existencial semejante. En segundo lugar, aunque algún otro grupo hubiera podido expulsarlos, no hay indicios de que tal conflicto tuviera lugar. Sus antiguas ciudades no muestran ningún daño de batalla; parecen como si simplemente hubieran sido abandonadas antes de que cientos de años de crecimiento de la vegetación se las tragaran enteras.

Una teoría más popular en los últimos tiempos es que los mayas se enfrentaron a una grave sequía -una sequía tan grave que todo el mundo simplemente recogió y se marchó en busca de un lugar con mejor acceso al agua. Aunque esto es posible, parece una reacción extrema abandonar repentinamente paisajes urbanos enteros; después de todo, la zona no es un desierto y debe haber quedado algo de agua.

Otra teoría, que ha adquirido cierto picante desde el inicio de la pandemia de COVID-19, es que los mayas se vieron acosados por alguna terrible enfermedad. ¿Es posible que una plaga muy contagiosa acabara con la mayoría de la población y obligara a los supervivientes a huir despavoridos, por miedo a infectarse también? De nuevo, sin embargo, parece una explicación poco probable para que los mayas huyeran de ciudades enteras. Más o menos al mismo tiempo, la peste negra estaba matando a un gran número de personas en Europa, pero las ciudades europeas no estaban totalmente despobladas.

Sin una razón definitiva para este repentino abandono, muchas teorías conspirativas han echado raíces en relación con los mayas. Una de las más populares se influye por la teoría del astronauta ancestral, que sostiene que muchas civilizaciones antiguas recibieron visitantes de las estrellas.

Para los defensores de esta teoría, es bastante fácil afirmar que alguna especie alienígena avanzada simplemente descendió en picado y transportó a los habitantes de estas ciudades mayas densamente pobladas a... ¡bueno, a otro lugar!

Pero, ¿hay alguna prueba de tales afirmaciones?

En realidad, no, pero si estiramos la imaginación, hay algunas referencias arqueológicas que pueden matizarse para indicar que los mayas estuvieron en contacto con

ET's e incluso fueron entrenados en cómo pilotar sus naves espaciales.

Su religión habla de comunión con seres celestiales, y especialmente con una "serpiente emplumada" que les impartió grandes conocimientos. Sus leyendas también predecían un día en que estos seres celestiales volverían a la Tierra y los recuperarían. Los teóricos del astronauta ancestral sostienen que estos seres celestiales eran extraterrestres que, efectivamente, regresaron y recogieron a los mayas en sus naves espaciales. Sí, es así de sencillo: todas esas ciudades mayas fueron abandonadas porque sus habitantes recibieron un billete de ida a otro mundo.

Para apoyar esta opinión, los teóricos del astronauta ancestral señalan un extraño artefacto en particular: la infame tapa de la tumba del rey Pakal, descubierta en el yacimiento maya de Palenque. La tapa del sarcófago de Pakal representa al rey muerto manejando febrilmente los mandos de lo que algunos dicen que es la cabina de una nave espacial. El hombre que inició la moda de los astronautas ancestrales, Erich von Däniken, lo describió así:

"Allí está sentado un ser humano, con la parte superior de su cuerpo inclinada hacia delante como un motociclista de carreras; hoy cualquier niño identificaría su vehículo como un cohete.

El cohete tiene una punta en la parte delantera, luego cambia a unas hendiduras extrañamente estriadas como puertos de entrada, se ensancha y termina en la cola en una llama que se lanza. El propio ser agazapado manipula una serie de controles indefinibles y tiene el talón del pie izquierdo sobre una especie de pedal".

Y ésta es, en efecto, una descripción acertada de lo que hace el rey Pakal en la escultura. Está inclinado hacia delante y parece accionar unos mandos con las manos mientras su pie acciona un pedal situado más abajo. Y sí, se podría interpretar la representación del fondo del compartimento debajo de donde está sentado Pakal como llamas que salen.

Por otra parte, esto podría ser sólo lo que nos dicen nuestras concepciones modernas. A los mayas parecía gustarles el arte abstracto, y quizá la imaginación de algún escultor se le fue de las manos. En cualquier caso, hasta que no desenterremos más artefactos o encontremos algunos escritos mayas perdidos que puedan darnos más pistas, el jurado seguirá sin saber qué ocurrió realmente con la civilización perdida de los mayas.

10

Las colonias vikingas pérdidas

ALREDEDOR DEL SIGLO VIII, zarparon de los puertos nórdicos unos grandes barcos que emprendieron un largo viaje hacia lo desconocido. Iban tripulados por feroces guerreros y marinos conocidos como vikingos, pero no está del todo claro qué buscaban exactamente. Tal vez simplemente buscaban un nuevo lugar donde reposar la cabeza y una nueva saga (gran historia) que contar. Pero lo que les impulsó a adentrarse en el océano les llevó a lugares lejanos como Islandia y Groenlandia.

Los vikingos eran grandes navegantes, y éstas fueron grandes hazañas de exploración para la época. Pero durante cientos de años, estas hazañas náuticas quedaron eclipsadas por la molesta costumbre de los vikingos de dejarse caer sobre europeos desprevenidos e incendiar sus pueblos e iglesias. Sí, los vikingos han sido conocidos durante mucho tiempo mucho más por su afición a la batalla que por sus descubrimientos.

Sin embargo, aunque no es exactamente errónea, esta parte de la historia vikinga ha sido tergiversada y distorsionada por quienes se han encargado de contarla.

Es cierto que los vikingos eran despiadados y crueles cuando desembarcaron en lugares como Gran Bretaña e incendiaron monasterios. Pero en sus mentes, estaban llevando a cabo una especie de guerra santa contra la Europa cristiana.

Verás, estas incursiones vikingas comenzaron como una respuesta a los esfuerzos de la Iglesia Católica para convertir a los vikingos al cristianismo. Carlomagno había estado enviando tropas para convertir por la fuerza a los vikingos en lugares como Sajonia y Dinamarca, y en un momento incluso hizo que sus hombres quemaran un antiguo árbol que era sagrado para los nórdicos.

Para los vikingos esto no era sólo un acto horrible y sacrílego. Para ellos fue literalmente el inicio del Armagedón. Este árbol era representativo de Yggdrasil, el árbol de la vida en la mitología nórdica, y según las profecías de antaño, si se destruía el antiguo árbol, descendería el Ragnarök. Los vikingos enloquecieron y poco después iniciaron una guerra total contra Europa.

Apenas un año después de que Carlomagno mandara demoler el santuario nórdico de Sajonia -773 d.C.-, los vikingos comenzaron a asaltar Inglaterra. Escaramuzas esporádicas culminaron en un espeluznante ataque el 16 de junio de 793, cuando un grupo de asaltantes vikingos demolió un monasterio cristiano en la isla de Lindisfarne y masacró a todo aquel que se les acercaba. Los ataques continuaron durante un siglo, y en el año 900 los vikingos habían atacado casi todos los países europeos importantes.

Sin embargo, por muy feroces que fueran los vikingos, la Europa cristiana estaba mucho mejor organizada y más poblada, y parecía sólo cuestión de tiempo que los vikingos tuvieran que convertirse al cristianismo. Y curiosamente, al mismo tiempo que se llevaba a cabo esta brutal guerra, los líderes vikingos también enviaban sus mejores barcos y exploradores hacia el oeste en busca de nuevas tierras.

· · ·

¿Estaban los vikingos realmente en busca de una nueva patria, donde pudieran vivir en libertad religiosa lejos de los cristianos? Algunos, sin duda, sí.

Se sabe, por ejemplo, que uno de los vikingos más famosos, Erik el Rojo, abandonó Islandia hacia el año 1000 d.C., inmediatamente después de que el Althing (una especie de parlamento nórdico) acordara considerar la conversión al cristianismo. Para Erik el Rojo, ferviente creyente de la religión nórdica, esto era inaceptable, por lo que puso rumbo a Groenlandia.

Pero es posible que vikingos como Erik el Rojo no sólo buscaran un lugar al que escapar, sino el mismísimo Valhalla. Aunque el Valhalla simbolizaba una especie de paraíso para los vikingos, según la tradición vikinga era en realidad un lugar real y físico: una antigua patria que se decía que estaba en algún lugar al oeste de Escandinavia. ¿Buscaban los vikingos esta patria perdida cuando se toparon sin querer con el continente americano? El incentivo para encontrarla habría sido grande, ya que, según la leyenda, quien encontrara el Valhalla recibiría inmediatamente el don de la vida eterna.

· · ·

Se dice que Leif Erikson, hijo de Erik el Rojo, fue el primer europeo que pisó el extremo nororiental del continente norteamericano. Había llegado hasta allí siguiendo el relato de un explorador nórdico anterior, Bjarni Herjólfsson, que se había perdido en el mar camino de Groenlandia en el 986 d.C.. Bjarni afirmó haber visto las costas de un continente desconocido antes de conseguir dar la vuelta a su barco. A raíz de esta información, Leif Erikson confirmó que este lejano continente occidental existía realmente. Al ver que la tierra era abundante en uvas silvestres, la llamó Vinland (Tierra del Vino). Leif y compañía desembarcaron sus naves y construyeron refugios cerca de la costa, donde permanecieron durante el invierno. Cuando llegó la primavera, volvieron a sus barcos y regresaron a casa.

Sin embargo, pocos años después, el hermano de Leif Erikson, Thorvald, se hizo a la mar en un intento de desandar el camino de Leif. La expedición de Leif no había contactado con ningún habitante local durante su estancia en la costa noreste de América y, por lo que sabían, el continente estaba deshabitado. Pero no lo estaba, y el primer encuentro de Thorvald con los nativos americanos no fue muy agradable. Tras un violento altercado, Thorvald murió cuando una flecha le atravesó el costado. Los supervivientes lo enterraron en algún lugar del continente norteamericano y regresaron a Groenlandia para contar su angustiosa historia.

Pero la muerte de Thorvald no bastó para disuadir a futuros aventureros. Apenas un par de años después, un comerciante nórdico llamado Thorfinn Karlsefni, junto con su esposa embarazada Gudrid y otros 65 colonos, volvieron sobre los malogrados pasos de Thorvald y se dirigieron a las costas nororientales de América. Aquí Gurdid tuvo a su hijo Snorri, el primer hijo de estos exploradores que nació en esta nueva y extraña tierra. Al principio, la situación era bastante pacífica, pero con la llegada del clima más cálido de la primavera, los vikingos se dieron cuenta de la presencia de los nativos americanos de la zona. Los intercambios iniciales que el grupo de Thorfinn tuvo con los lugareños fueron más positivos. No hubo peleas ni derramamiento de sangre; de hecho, empezaron a comerciar con mercancías, principalmente pieles.

Pero, aunque los nativos americanos estaban encantados de comprar las pieles, parecían tener un interés aún mayor en las hachas y espadas de los vikingos. Thorfinn aconsejó a sus hombres que no comerciaran con ellas para que luego no las usaran en su contra. Pero esta resistencia a comerciar con armas debió de provocar cierto resentimiento, y aquel verano algunos lugareños intentaron apoderarse por la fuerza de algunas armas de los vikingos. Este incidente causó la muerte de uno de los nativos americanos, lo que provocó un ataque de represalia contra el asentamiento vikingo. Sin embargo, los vikingos lograron repeler el ataque gracias a su propia ferocidad.

Según la leyenda, era la propia hermanastra de Leif Erikson, Freydis Eirksdottir, quien parecía asustar a sus oponentes más que nadie. Se dice que gritaba con tal furia mientras blandía su espada que aterrorizaba a todos los que la oían. Sin embargo, dejando a un lado los gritos espeluznantes, los vikingos se dieron cuenta de que, a pesar de su inferioridad numérica, sus probabilidades de supervivencia a largo plazo eran escasas. En la primavera siguiente, hicieron las maletas y regresaron a Groenlandia.

Fue la intrépida Freydis quien dirigió el siguiente viaje, que desembarcó de nuevo unos años más tarde. Sin embargo, esta última colonia vikinga pronto se desmoronó, no por la presión exterior, sino por la agitación interna: los vikingos empezaron a pelearse tanto entre ellos que decidieron abandonar y volver a casa.

. . .

El último viaje a América registrado en las sagas vikingas es el de Erik Gnupson, que zarpó en 1121. Pero después de eso, no se sabe nada más de Erik Gnupson ni de su tripulación. ¿Qué fue de estos exploradores vikingos? ¿Se perdieron en el mar? ¿O fundaron alguna colonia vikinga aún desconocida en América?

Dado que no podían enviar exactamente un correo electrónico -o incluso un caracol-para proporcionar actualizaciones, podría ser que simplemente se asentaran en algún lugar de la costa americana y nunca más volvieran. Curiosamente, en 1961, un equipo de arqueólogos descubrió un asentamiento de casas vikingas en Terranova. Se demostró que se trataba de un asentamiento vikingo cuando el equipo descubrió herramientas de hierro. Los nativos americanos de la época no tenían hierro, pero los vikingos sí. Los arqueólogos también encontraron un uso que las mujeres vikingas habrían utilizado para confeccionar prendas de vestir.

Pero Terranova es mucho más fría que Vinlandia, demasiado fría para las uvas que crecían en Vinlandia en tanta abundancia. Así que parece que el asentamiento de Terranova fue uno de los que las sagas vikingas no registraron. ¿Podría haber sido aquí donde Erik Gnupson terminó y estableció su propia colonia vikinga totalmente autónoma?

Tal vez nunca lo sepamos.

11

Armas Nucleares Primitivas

EL INTERCAMBIO de conocimientos entre maestro y alumno es una expresión intemporal de la acumulación de conocimientos humanos. Como un secreto clandestino transmitido por los magos de antaño a una nueva generación de protegidos, la sabiduría de los antiguos es algo que muchos se pasan la vida buscando. Porque saben que esta sabiduría del pasado tiene un valor inestimable para las generaciones futuras. Ya se trate de los tratados de Sun Tzu sobre el arte de hacer la guerra o de los antaño alquímicos que forman la base de nuestras ciencias modernas, miramos al pasado para aprender sobre nosotros mismos y sobre cómo mejorar nuestra existencia tanto hoy como en el futuro. Los detalles que se nos transmiten en el intercambio particular entre maestro y alumno que examinaremos aquí -aunque oscuros en el mejor de los casos-nos introducirán en posibilidades imprevistas que podrían cambiar nuestra propia perspectiva sobre quiénes fuimos una vez, quiénes somos ahora y, quizá lo más importante, en qué podemos convertirnos.

Para empezar por lo que podría haber sido el final de una historia, llegamos a los albores de la era atómica, en los años inmediatamente posteriores a la Segunda Guerra Mundial. Este conflicto mundial, el más terrible de los modernos, fue considerado la "guerra que acabaría con todas las guerras". Por supuesto, poner fin a este conflicto tuvo un coste horrible: la pérdida de vidas civiles a una escala tremenda con lo que todos asumieron que fue el primer uso en la historia de la Tierra de armas nucleares en tiempo de guerra.

En la mañana del 6 de agosto de 1945, aproximadamente a las 8:15 a.m. hora de Japón, el bombardero Boeing B-29 Superfortress *Enola Gay* había entrado en el espacio aéreo directamente sobre Hiroshima, donde dejó caer un explosivo de caída libre conocido en la historia por el apodo de "Little Boy". En un minuto, la bomba detonó sobre la ciudad a una altitud aproximada de 1.900 pies. No se había producido ninguna incursión enemiga a gran escala; una pequeña flota de aviones estadounidenses había sido detectada y posteriormente ignorada por los radares de alerta temprana. Por esta razón, pasaron horas antes de que oficiales del Estado Mayor japonés llegaran para investigar por qué todas las emisoras de radio de Hiroshima habían enmudecido. Al llegar a la vista de la ciudad, los pilotos se quedaron atónitos al ver sólo una inmensa columna de humo que se elevaba sobre la zona.

Los locutores de las transmisiones escuchadas por fuentes aliadas informaron de que "el impacto de la bomba fue tan terrible que prácticamente todos los seres vivos -humanos y animales-murieron literalmente abrasados por el tremendo calor y la presión creados por la explosión. Todos los muertos y heridos quedaron calcinados hasta quedar irreconocibles. Los que estaban al aire libre murieron quemados, mientras que los que estaban en el interior murieron por la presión y el calor indescriptibles".

A este ataque le siguió una explosión similar que arrasó la ciudad de Nagasaki al suroeste, provocando la rendición de Japón y poniendo fin así a la Segunda Guerra Mundial.

Como se ha argumentado muchas veces con la debida controversia desde el final del conflicto, la guerra siempre provoca muertes, pero una matanza de la magnitud de la que se vio en los días previos a la rendición de Japón también devolvió la paz al mundo... al menos durante un tiempo. Pronto, sin embargo, el persistente temor a que otros países -especialmente superpotencias emergentes como la Unión Soviética-construyeran sus propios arsenales atómicos supuso una nueva y aterradora amenaza.

Otro resultado de la entrada de la humanidad en la era atómica fue la absoluta fascinación con que el público contempló estas armas y su desarrollo.

A medida que la información sobre el Proyecto Manhattan se hacía pública, J. Robert Oppenheimer, apodado el padre de la bomba atómica por su participación en el proyecto, se convirtió en una especie de celebridad, con su rostro estampado en las portadas de revistas y periódicos estadounidenses. Oppenheimer también empezaría a dar conferencias sobre los méritos científicos de esta tecnología nuclear emergente, así como sobre la necesidad de alianzas con diferentes países de todo el mundo, de las que todos podrían beneficiarse de la protección mutua frente a la amenaza de las armas nucleares en manos equivocadas.

Por supuesto, las explosiones de Hiroshima y Nagasaki no habían sido las primeras de su clase. Oppenheimer había estado entre los asistentes a la famosa prueba de Alamogordo, donde se produjo la primera detonación con éxito de un arma nuclear (apodada "Trinity" por Oppenheimer).

Mucho más tarde, en 1965, Oppenheimer recordó sus sentimientos de aquella ocasión durante una aparición en la televisión NBC, diciendo que "sabíamos que el mundo no sería el mismo. Algunas personas rieron, otras lloraron, la mayoría permaneció en silencio. Recordé la frase de la escritura hindú, el Bhagavad-Gita...'Ahora, me he convertido en la Muerte, la destructora de mundos'. Supongo que todos lo pensamos de un modo u otro".

Aunque Oppenheimer fue el llamado padre de las armas nucleares modernas, hay algunas circunstancias bastante extrañas que implican a este brillante físico y que han dado lugar a dudas sobre si la prueba de Alamogordo fue realmente la primera detonación nuclear de la historia de la Tierra. En una ocasión, durante un seminario que Oppenheimer impartía en la Universidad de Rochester sobre el desarrollo de armas nucleares, un estudiante universitario le preguntó si la explosión de Alamogordo había sido la primera de este tipo. Oppenheimer respondió con cierta extrañeza: "Bueno, sí, en los tiempos modernos". Esta afirmación es preocupante por varias razones. En primer lugar, Oppenheimer parece insinuar que ha habido otras explosiones nucleares en el pasado de las que él tenía conocimiento. Aunque así fuera, ¿dónde podría haberse producido una explosión de este tipo y quién habría sido el responsable? Dado que Oppenheimer se refirió específicamente a los "tiempos modernos", parecería que algo parecido a las explosiones de Alamogordo, Hiroshima y Nagasaki ocurrió en algún momento *anterior de la* historia de la Tierra.

La lógica nos diría, sin embargo, que es muy improbable que una tecnología antigua consiguiera alguna vez aprovechar el poder del átomo como lo hemos hecho en los tiempos modernos. Algunos dicen que Oppenheimer se refería a la misteriosa explosión que se produjo sobre Tunguska, una remota zona de la actual Rusia, en 1908.

Esta explosión, sin embargo, no fue el resultado de un artefacto fabricado por el hombre, ni siquiera fue una explosión nuclear, ya que desde entonces se ha determinado que la concentración de isótopos radiactivos en la zona de la explosión después del incidente no coincidía con los niveles esperados después de una explosión nuclear. Entonces, ¿a qué se refería Oppenheimer? ¿Hizo realmente el brillante físico esta inquietante alusión a un estudiante de Rochester durante una conferencia de este tipo? Si es así, ¿qué implicaciones tiene? Las sorprendentes respuestas se esconden en lo más profundo de algunos de los intereses más esotéricos del difunto físico, donde empezamos a ver que podría haberse referido a un suceso que ocurrió mucho antes.

Es bien sabido que Oppenheimer conocía bien las epopeyas védicas de la India, sobre todo por su propensión a citar públicamente escrituras hindúes como el Bhagavad-Gita.

Oppenheimer también era conocido por regalar copias del Bhagavad-Gita a sus amigos, además de conservar una copia del texto en la estantería de su escritorio. Según el periodista británico Nilesh Prashar, en el funeral del presidente estadounidense Franklin Roosevelt, Oppenheimer leyó un fragmento del texto sagrado, que dice en parte: "El hombre es una criatura cuya sustancia es la fe, lo que su fe es, él es". Oppenheimer también citó el volumen como uno de sus 10 libros espirituales favoritos y más influyentes durante una entrevista en 1963.

El Bhagavad-Gita no es más que una parte de la gran epopeya conocida como Mahabharata, y uno de los dos manuscritos (junto con el Ramayana) que constituyen las principales epopeyas sánscritas de la India. De especial relevancia para el debate sobre las armas nucleares y su posible existencia en la antigüedad, encontramos una curiosa mención en el Mahabharata, concretamente durante la batalla épica que se dice que tuvo lugar entre naciones rivales del mundo antiguo. Si aceptamos esto como un relato literal de un conflicto armado que tuvo lugar en la antigüedad, nos quedamos con la curiosa mención de una variedad de armas que parecen parecerse a las armas de fuego modernas, aviones avanzados, e incluso explosivos con potencial devastador que se asemejan a los armamentos nucleares. El difunto Alexander Gorbovsky, que trabajó como experto en la Agencia Rusa de Municiones, escribió sobre esto en su artículo de 1986 "Enigmas de la Historia Antigua", donde menciona referencias a un "arma terrible" en el Mahabharata. "Lamentablemente, en nuestra era de la bomba atómica, la descripción de la explosión de esta arma no parecerá una exageración". A continuación reproducimos el pasaje al que se refiere Gorbovsky. A pesar de haber sido escrito hace casi 3.000 años, parece describir algo demasiado familiar para nosotros hoy en día:

[Se desprendió un astil ardiente con el resplandor de un fuego sin humo.... Esto hace que los cuerpos de los muertos sean inidentificables.... Los supervivientes pierden las uñas y el pelo, y su comida se vuelve inservible. Durante varios años posteriores, el Sol, las estrellas y el cielo permanecen envueltos en nubes y mal tiempo.

. . .

El arma aquí descrita, denominada en el texto Arma de Brahma, Llama de Indra o Rayo de Hierro, causa diversos tipos de dolencias a los seres vivos, además de daños atmosféricos. A principios de la década de 1960, se demostró que las pruebas a gran altitud con explosivos nucleares de megatones provocaban la creación de cinturones artificiales de radiación en el espacio. Aunque no se sabe con certeza si esos cinturones de radiación causarían las "nubes y el mal tiempo" descritos en el Mahabharata, personas como Sir Bernard Lovell, director de los Laboratorios de Radioastronomía del Centro de Astrofísica de Jodrell Bank, han expresado una gran preocupación por los efectos atmosféricos a largo plazo. El difunto Herman Hoerlin, destacado experto en la física de las detonaciones nucleares a gran altitud, también señaló en un estudio de 1976 que "los estudios recientes sobre una posible relación entre ciertos despliegues aurorales en el norte y la meteorología no excluyen la hipotética posibilidad de una modificación artificial del tiempo por las emisiones de energía nuclear". A mayor escala, sin embargo, se pensaba que los efectos de un holocausto nuclear en toda regla podrían dar lugar a un *invierno nuclear*, en el que el humo y el hollín que llenaran el aire tras la detonación bloquearían la luz solar, reduciendo así las temperaturas en amplias zonas o incluso en todo el mundo.

. . .

Citando un estudio de 2006 sobre la devastación potencial tras un invierno nuclear, *Science Daily* informó de que "incluso una guerra nuclear regional a pequeña escala podría producir tantas muertes directas como toda la Segunda Guerra Mundial y alterar el clima global durante una década o más, con efectos medioambientales que podrían ser devastadores para todos los habitantes de la Tierra".

Se cree que las descripciones de esta enorme arma en el Mahabharata indican algún tipo de proyectil, lo que quizá justifique su descripción como un "rayo" que golpea lugares desde arriba:

[Era un proyectil único cargado con todo el poder del Universo. Una columna incandescente de humo y llamas tan brillante como los mil soles se elevó en todo su esplendor... Era un arma desconocida, un rayo de hierro, un gigantesco mensajero de la muerte, que redujo a cenizas a toda la raza de los Vrishnis y los Andhakas.

A continuación, los soldados "se arrojan a los arroyos para lavarse y lavar su equipo". Curiosamente, esta frase recuerda a las personas que intentan protegerse de los efectos del envenenamiento por radiación. Según la biblioteca médica en línea Merck Manual, el tratamiento inicial de la exposición a la radiación implica quitarse y guardar cuidadosamente la ropa (para ayudar a prevenir una mayor contaminación), seguido de un baño en las zonas heridas y luego en el resto de la piel.

Este fragmento del Mahabharata parece describir un acontecimiento que guarda más de un parecido con lo que hoy sabemos de las armas nucleares modernas y los peligros que entrañan. Pero, ¿es razonable deducir que las antiguas guerras nucleares ocurrían en la Tierra antes de la civilización tal y como la conocemos hoy en día, basándose únicamente en las descripciones de un antiguo texto sagrado sánscrito? Podría decirse que algunas partes del Mahabharata, al igual que las epopeyas de otras culturas antiguas, se componen necesariamente de narraciones fantásticas que incorporan las mitologías, valores, culturas e imaginaciones de su autor, todo ello presentado como un reportaje directo.

Tomemos, por ejemplo, las extraordinarias naves voladoras conocidas como *vimanas*, descritas con cierto detalle en muchas de las leyendas sánscritas. Estas naves se parecen a todo, desde aviones modernos hasta representaciones populares de platillos volantes y ovnis. ¿Podría haber alguna base factual para la existencia de tales cosas hace miles de años, especialmente cuando las descripciones de sus capacidades parecen exceder lo que la aviónica moderna ha logrado?

Sorprendentemente, las complejidades relativas al diseño y la mecánica de estas naves se describen en varias ocasiones a lo largo de los Vedas, con mención de "motores" que consisten en una carcasa de hierro que contiene mercurio o una sustancia similar que, cuando se estimula de alguna manera (eléctricamente, tal vez), podría causar un vórtice en el remolino de metal líquido, manifestando así una extraña fuente de energía capaz de propulsar estos vehículos voladores a grandes altitudes a velocidades tremendas.

Aunque notables e imaginativas, este tipo de descripciones -repletas de detalles que parecen describir una sociedad tecnológicamente avanzada-han llevado a muchos investigadores modernos a plantearse si los Vedas contienen realmente pruebas de alguna sociedad antigua y avanzada.

Imaginemos que fueran los últimos testimonios escritos de alguna civilización aún más antigua que, aunque olvidada en la actualidad, se recordara lo suficientemente bien hace miles de años como para intentar catalogar sus diversas innovaciones. Tal vez esta monumental tarea fue llevada a cabo por personas que sólo tenían un vago recuerdo de estas hazañas anteriores y aún menos conocimiento de la tecnología que estaban tratando de documentar.

Un investigador que ha examinado minuciosa y exhaustivamente la tecnología descrita en los Vedas es Peter Thomson, profesor de la Universidad Napier de Edimburgo, autor de libros y artículos sobre todo tipo de temas, desde energía verde, dietas holísticas y sistemas informáticos que integran formas de vida biológica, hasta intentos de encontrar pruebas creíbles de civilizaciones antiguas y armas nucleares prehistóricas. En su artículo "Unexplained Flying Vehicles" (Vehículos voladores inexplicables) de su página web, Thomson describe su investigación sobre lo que denomina un *vórtice de vaina cargada*, un dispositivo inspirado y diseñado para funcionar basándose en las descripciones antes mencionadas de un "motor de mercurio giratorio" de las epopeyas sánscritas.

(Por cierto, es muy similar a la "tecnología de implosión" desarrollada por el inventor austriaco Viktor Schauberger en los años 20 y 30, que a su vez se basaba en *vórtices fluídicos* similares a tornados, o remolinos, y movimientos de vórtice similares que se encuentran en la naturaleza). En cuanto a la aparición de conceptos tan avanzados en textos antiguos, Thomson afirma lo siguiente:

Simplemente hay demasiada tecnología consistente y funcional en [los Vedas]. Estos relatos sólo pueden ser fragmentos de historia de un pasado lejano. Retorcidos, alterados, mal recordados, pero aún así queda suficiente tecnología en estos relatos como para decir con mucha certeza que no somos la primera civilización tecnológica de este planeta.

De acuerdo, puede que sea necesario suspender la incredulidad para que alguien asuma que los Vedas, como escribe Thomson, "sólo pueden ser fragmentos de historia de un pasado lejano". Después de todo, los Vedas podrían sin duda estar hablando de otras cosas con la misma facilidad, especialmente en ausencia de cualquier prueba científica de antiguas innovaciones tecnológicas a la par con el armamento atómico moderno. Sin embargo, según Thomson, la mejor prueba de la existencia de tecnología avanzada no se encuentra en estas fascinantes descripciones de la aviación y las innovaciones de ingeniería en los Vedas, sino en los datos arqueológicos, geológicos y climáticos de nuestro planeta.

Por ejemplo, la capacidad de manipular nuestro entorno mediante la tecnología implica la adquisición y el uso práctico de metales esenciales como el cobre, el plomo, el estaño y el hierro. Thomson señala que la extracción de dichos metales, junto con la consiguiente fundición y procesamiento de cantidades utilizables, dio lugar a huellas que podían observarse en depósitos glaciares de todo el planeta, en relación con el periodo de tiempo en que comenzó dicha industrialización. Thomson argumenta en su artículo que el desarrollo industrial de las antiguas sociedades griega y romana dejó una clara huella, afirmando que la fisión nuclear también podría rastrearse de ese modo. Cualquier prueba de una guerra nuclear y del subsiguiente periodo de invierno nuclear se encontraría probablemente en los núcleos de los arrecifes de coral, formados a partir del carbonato cálcico segregado por los organismos marinos a lo largo de los siglos, y en los lechos de ríos y lagos no perturbados durante largos periodos de tiempo. Otras pruebas que podrían observarse en el registro geológico serían la extinción de grandes extensiones de poblaciones animales en diversas regiones y hábitats, así como piedra y arena fundidas por el calor intenso y repentino en el lugar de una explosión, lo que daría lugar a la formación de vidrio, llamado *trinitita*. Si encontráramos pruebas de que tales condiciones se produjeron en un periodo de tiempo relativamente corto de la historia geológica, podríamos hablar no sólo de civilizaciones antiguas, sino también, con las pruebas adecuadas, de un acontecimiento nuclear claramente rastreable - o incluso de varios-en la prehistoria.

. . .

Por sorprendente que parezca, se *han* encontrado muchos de estos criterios, la mayoría coincidiendo con el final de la última Edad de Hielo. Thomson señala pruebas de aumentos esperados de trazas de metales como el hierro y el cobre; de la extinción resultante de la proliferación de una especie inteligente que invadió el hábitat de la megafauna del lugar; de concentraciones de uranio en el coral; e incluso de la presencia de arena y piedra fundidas similares al vidrio en varios yacimientos antiguos. Esta información sirve de fundamento a una audaz hipótesis emergente según la cual tal vez existió en la antigüedad una civilización tecnológicamente avanzada. Thomson sostiene que [esta civilización] extrajo y fundió cobre, plomo, estaño y casi con seguridad hierro...y destruyó todos los depredadores de megafauna de todos los continentes.... Desarrolló una capacidad nuclear y luego se autodestruyó en un holocausto nuclear... seguido de un invierno nuclear que devolvió al mundo a una edad de hielo durante otros 1.000 años.

Hablando más concretamente, también existen pruebas físicas de un acontecimiento nuclear, o posiblemente de una serie de ellos. Un artículo escrito por los científicos William Topping y Richard B. Firestone afirma que se recuperaron lecturas anómalas de radiocarbono en la región de los Grandes Lagos de Norteamérica: "Toda la región de los Grandes Lagos (y más allá) fue sometida a un bombardeo de partículas y a una irradiación nuclear catastrófica que produjo neutrones térmicos secundarios procedentes de interacciones de rayos cósmicos".

Es cierto que el acontecimiento al que se refieren los autores tuvo lugar en la época paleoindia. Además, dado que la sabiduría convencional sostiene que los dispositivos nucleares simplemente no podían haber existido hace tanto tiempo, los autores proponen en su lugar la teoría de que una supernova fue probablemente la culpable: "El tamaño de la catástrofe inicial puede ser demasiado grande para una erupción solar", dicen, aunque una "supernova cercana significativamente potente o un chorro de rayos cósmicos podría explicarlo".

Obviamente, esto es sólo una teoría, y como tal no prueba definitivamente que tales fenómenos naturales causaran un acontecimiento nuclear en la antigüedad. Pero si se considera la inquietante alternativa de que los antiguos humanos poseyeran un mayor grado de competencia técnica, ¿qué pensar de las explicaciones que apuntan a la existencia de armas nucleares en la antigüedad? A pesar de la controversia que existe entre estas dos posturas tan opuestas, una cosa es evidente: al parecer, en la Antigüedad se produjeron uno o varios acontecimientos nucleares, y existen pruebas de *ello*. Sin embargo, en lo que respecta a la existencia de un *primum movens* tecnológico detrás del suceso o sucesos nucleares en cuestión, es posible que existan pruebas que nos lleven a una conclusión aún más inquietante en relación con nuestros antiguos antepasados y la terrible tecnología que pudieron poseer, a pesar de lo que la historia convencional nos ha enseñado durante tanto tiempo.

Las excavaciones de las antiguas ciudades del valle del río Indo llevan años insinuando indicios de algo curioso y potencialmente aterrador. Las ciudades de Harrappa y Mohenjo-Daro en particular (ambas en el actual Pakistán) presentan una serie de anomalías, empezando por sus tecnologías curiosamente avanzadas. De Mohenjo-Daro, el difunto profesor Ahmad Hasan Dani dijo que la ciudad, en el punto álgido de su desarrollo hace más de 3.000 años, era probablemente la más desarrollada y avanzada de todo el sur de Asia. Y sin embargo, las ciudades de esta región parecían haber sufrido una catástrofe bastante repentina en algún momento de su historia. A pesar de la innovación y el éxito de antaño, algo las destruyó cuando estaban en su apogeo. Las teorías sobre su desaparición se centraron principalmente en las inundaciones del río Indo. Incluso en 2010, las devastadoras inundaciones provocadas por varios meses de lluvias torrenciales causaron una destrucción generalizada y la muerte de más de 2.000 personas en toda la región. Pero las inundaciones, incluso de esta magnitud, podrían no explicar otro tipo de anomalías halladas en Mohenjo-Daro y Harrappa.

Por ejemplo, el investigador Philip Coppens ha escrito sobre la radiactividad de la región, que supuestamente era lo suficientemente alta incluso en la época moderna como para que los defectos de nacimiento y el cáncer hayan tenido una incidencia mucho mayor en algunas partes de la región, lo que ha llevado al gobierno indio a imponer restricciones de acceso a determinadas zonas.

Parte de esto podría deberse en parte a la negligencia en una central eléctrica de la región, desde la que se llevó madera contaminada a la comunidad circundante y se quemó, causando así al menos parte de la radiactividad. Lo que no puede discutirse, sin embargo, es que "en Rajastán, India, se encontró efectivamente una capa de ceniza radiactiva", como señala Coppens, que cubría un área mucho más amplia de lo que supondrían incidentes aislados de contaminación. De hecho, Coppens afirma específicamente que la radiactividad "cubría un área de tres millas cuadradas, diez millas al oeste de Jodhpur".

. . .

Pero los elevados niveles de radiactividad en la región son sólo un indicador de lo que pudo ocurrir en los alrededores de Harrappa y Mohenjo Daro hace miles de años.

Alexander Gorbovsky también mencionó el descubrimiento de restos humanos que contenían niveles inusuales de radiación en el yacimiento de Mohenjo-Daro. Esta idea, entre otras, ha sido examinada por el explorador e investigador Jonathan Gray, que habló de ello en su libro *Dead Men's Secrets*. Las excavaciones de los primeros tiempos de Mohenjo-Daro revelaron esqueletos de personas que, curiosamente, aparecieron tendidas en las calles de forma similar a las víctimas de Pompeya. Gray sugiere que los esqueletos, algunos de los cuales supuestamente se encontraron cogidos de la mano, "siguen siendo de los más radiactivos que se han encontrado, al mismo nivel que los de Hiroshima y Nagasaki".

Gray también señala que el yacimiento de Mohenjo-Daro presenta un epicentro de 150 pies, donde "todo estaba cristalizado, fundido o derretido", y que "a 180 pies del centro los ladrillos están derretidos por [sólo] un lado, lo que indica una explosión". Lo que se ha descrito aquí es el tipo de fusión repentina de la materia sólida, un proceso conocido como *vitrificación*, que, como hemos conjeturado antes, es algo que esperaríamos encontrar en un antiguo emplazamiento de explosión. No es ninguna sorpresa saber que la vitrificación de sólidos se produjo no sólo en Hiroshima y Nagasaki, sino también en el lugar de la explosión anterior donde Oppenheimer y sus asociados presenciaron la famosa explosión de Trinidad. Así, se aclara nuestra comprensión del nombre dado a los residuos de "vidrio de Alamogordo" encontrados tras dichas explosiones: trinitita. Lo que no está claro, sin embargo, es cuál fue la fuente de la radiactividad y de la vitrificación similar en yacimientos antiguos. Algunos han sugerido que el impacto de un meteorito de gran tamaño podría haber causado el proceso de vitrificación si se hubiera producido una explosión tras la explosión; pero si recordamos la famosa explosión de Tunguska de 1908 (cuya causa fue probablemente un meteorito), vemos que los niveles de radiactividad isotópica tras la explosión eran demasiado bajos para ser coherentes con una explosión nuclear. Las pruebas encontradas en estos antiguos yacimientos parecen apuntar no sólo a una explosión con un tremendo potencial destructivo, como la de Tunguska, sino también a algo que claramente fue el resultado de un evento nuclear y que, curiosamente, parece haber sido dirigido a objetivos específicos como Mohenjo-Daro.

Pero incluso si existe un caso convincente de antiguas explosiones nucleares y tecnología que implicaba armamento atómico, como parece ser el caso, todavía debemos preguntarnos por qué quedan tan pocas pruebas de las antiguas civilizaciones que las produjeron. Si una civilización muy avanzada existió miles de años antes que la nuestra, parece razonable suponer que al menos habría *algunos* restos de su tecnología todavía conocidos o en uso en algún lugar del mundo actual, en forma de antiguas estructuras, calzadas, monumentos y/u otras pruebas rastreables. Puede que esta suposición tampoco sea del todo exacta. En su libro *The World Without Us (El mundo sin nosotros)*, el periodista Alan Weisman reflexiona sobre el aspecto que tendría la gran huella de civilización dejada por la humanidad al desaparecer, en una hipotética situación en la que ya no hubiera gente que desarrollara y mantuviera la tecnología y las infraestructuras. Weisman teoriza que la mayoría de los barrios residenciales serían invadidos por la flora, volviendo al estado boscoso que les precedió 500 años. Cuando hubieran pasado unos miles de años, "el mundo tendría en su mayor parte el mismo aspecto que tenía antes de la llegada de la humanidad, como un páramo". En su artículo de 2005 *en la revista Discover*, titulado "La Tierra sin gente", Weisman presentaba una serie de escenarios que mostraban lo rápido que las fuerzas de la naturaleza borrarían las huellas de la civilización:

El nuevo desierto consumiría las ciudades, del mismo modo que la selva del norte de Guatemala consumió las pirámides mayas y las megalópolis de ciudades-estado superpuestas.

. . .

Entre el 800 y el 900 d.C., una combinación de sequía y guerras intestinas por las cada vez más escasas tierras de cultivo derrumbó 2.000 años de civilización. En 10 siglos, la jungla se lo tragó todo.

La investigación de Weisman sitúa la longevidad de nuestras infraestructuras en una perspectiva bastante aleccionadora. Incluso en grandes ciudades de Estados Unidos como Nueva York, afirma que en apenas 100 años, los robles y arces empezarían a cubrir el paisaje; pasarían otros 900 años, sin embargo, antes de que monumentos como el puente Hell Gate se derrumbaran definitivamente. Pero de todos los efectos duraderos que nuestra especie podría tener a largo plazo, Weisman señala que las fugas de radiactividad de emplazamientos nucleares como los reactores nucleares de Indian Point, al norte de Manhattan, podrían prolongarse durante decenas de miles de años. Si volvemos a considerar la posibilidad de que alguien tuviera capacidad nuclear aquí en la Tierra hace mucho tiempo, quizá no nos sorprenda que la mejor prueba que tenemos de su existencia sea el nivel mensurable de radiación en esos emplazamientos propuestos para explosiones nucleares, que permanecen incluso en la actualidad.

. . .

Si decidimos aceptar la aterradora posibilidad de que realmente hubo una guerra nuclear en la Tierra en algún momento de nuestra prehistoria, las posibles ramificaciones pueden decirnos mucho sobre nuestro pasado; sin embargo, también indican mucho sobre quiénes somos hoy.

Indican un aspecto de nuestra naturaleza humana -específicamente, nuestra propensión a destruirnos unos a otros-que ha estado con nosotros desde el principio de los tiempos, y aunque hasta ahora hemos conseguido evadir las crisis inminentes y la destrucción masiva, la amenaza de lo que podría esperar a la humanidad si alguna vez se produjera un conflicto nuclear total aún persiste. A pesar de nuestra certeza de que nuestros logros serán recordados para siempre, este legado podría deshacerse muy fácilmente, especialmente si conseguimos poner en marcha el proceso de borrarnos a nosotros mismos del registro geológico mediante la autodestrucción asegurada que prometen las armas nucleares. En un mundo en el que la amenaza del terrorismo y peligros de este tipo se han vuelto demasiado reales, quizá sea aún más crítico que adquiramos una comprensión más profunda de los errores del pasado y quizá incluso aceptemos la posibilidad de que nuestra existencia, tal y como la conocemos, quizá no sea la primera de su clase.

· · ·

J. Robert Oppenheimer parecía saber todo esto y, como hemos visto, no era casualidad que estuviera tan fascinado con los textos antiguos del Mahabharata y el Bhagavad-Gita. Conocimientos similares se han expresado también en otros textos antiguos.

Incluso el gran filósofo Platón conjeturó en su diálogo Critias, con la legendaria y supuestamente muy avanzada ciudad Atlántida como centro, que "nueve mil era la suma de años transcurridos desde la guerra que se decía había tenido lugar entre los que habitaban fuera de las Columnas de Heracles y todos los que habitaban dentro de ellas". En efecto, parece que los sabios de hoy y de épocas pasadas sabían que algo notable había ocurrido en nuestra prehistoria; pero lo que decidamos hacer con este mismo conocimiento, que nos han otorgado maestros como Oppenheimer y Platón, está por ver. El propio Oppenheimer debió de luchar con los terribles potenciales que acompañaban al conocimiento prohibido que desveló. Los secretos de los antiguos -cuya existencia aquí hace mucho tiempo fue traicionada por su tecnología, desenterrada a trozos a lo largo de los años-también pueden ser las llaves de una auténtica caja de Pandora. A menos que los utilicemos sabiamente, podrían abrir la puerta a la destrucción segura de nuestro futuro y de la propia humanidad, que, según todos los indicios, podría haber sido ya destruida.

12

Escándalos Arqueológicos

Los DIFUSIONISTAS culturales creen que navegantes del antiguo Viejo Mundo visitaron Norteamérica e influyeron en su prehistoria milenios antes de 1492. Contradicen las versiones oficiales del pasado defendidas por los aislacionistas culturales, arqueólogos de la corriente dominante que insisten en que ese contacto nunca tuvo lugar porque no existen pruebas creíbles que lo corroboren.

Scott F. Wolter es geólogo con formación universitaria y presidente de American Petrographic Services en St. Paul, Minnesota. Su empresa se encarga de analizar materiales de construcción y ha sido citada por su excelencia profesional por la Asociación Americana de Acreditación de Laboratorios. El objeto del escrutinio de Wolter que nos ocupa es una arenisca de 90 kilos encontrada en septiembre de 1898 por el agricultor inmigrante sueco Olof Öhman mientras limpiaba sus tierras en el municipio rural de Solem, Minnesota.

Tumbada y entrelazada con las raíces de un álamo temblón de 30 años, la losa de 30 × 16 × 6 pulgadas estaba cubierta por la cara y un lado con lo que parecía escritura rúnica. Öhman llevó su hallazgo a la ciudad más cercana, Kensington, donde se expuso en el banco local. Interesado en averiguar la verdad sobre la piedra, Wolter la sometió a un riguroso examen científico en 2000.

Traducido del sueco medieval, el anverso del objeto reza:

Ocho götalandeses y veintidós noruegos en [este] viaje de recuperación/adquisición al oeste de Vinland. Acampamos junto a dos [¿refugios?] a un día de camino al norte de esta piedra. Un día estuvimos pescando. Cuando volvimos a casa encontramos diez hombres rojos de sangre y muerte. Ave María. Salva del mal.

En el lateral de la piedra hay inscritas las siguientes palabras: "Hay diez hombres junto al mar para cuidar de nuestros barcos a catorce días de viaje desde esta isla. Año 1362.

· · ·

Aunque los arqueólogos lo descartaron como un engaño transparente, las pruebas independientes realizadas por Newton Horace Winchell, geólogo de la Sociedad Histórica de Minnesota, confirmaron que la erosión del exterior de la piedra indicaba que su inscripción tenía aproximadamente 500 años.

"Había un fuerte apoyo para una fecha auténtica de la Piedra Rúnica de 1362", concluyó, "y pocas razones para sospechar de fraude". Por desgracia, su informe de 1910 quedó oscurecido por las denuncias de los escépticos, que proclamaron a voz en grito que la piedra era una falsificación ridícula. No se desarrollaron métodos tecnológicos de examen más avanzados para confirmar la autenticidad medieval de la inscripción o desacreditarla de forma concluyente hasta entrado el siglo XXI, cuando se confió el objeto a Scott Wolter para su análisis. Wolter nunca había oído hablar de la Piedra Rúnica de Kensington, por lo que se mostró indiferente a las disputas sobre su procedencia.

Comenzó utilizando la fotografía con microscopio de luz reflejada, la toma de muestras de testigos y un microscopio electrónico de barrido. Estas herramientas revelaron signos inequívocos de erosión subsuperficial que requirieron un mínimo de 200 años para desarrollarse.

En otras palabras, la Piedra Rúnica de Kensington estuvo enterrada al menos un siglo antes de que Olof Öhman la excavara. Un examen más detallado de cada runa individual a través de un microscopio electrónico de barrido reveló una serie de puntos grabados dentro de tres runas para la letra "R".

Estas runas punteadas, nunca antes observadas en la piedra por nadie, sólo se han encontrado en otro lugar: lápidas del siglo XIV en cementerios de iglesias de la isla de Götland, frente a la costa de Suecia.

La piedra rúnica de Kensington lleva inscrita una fecha del siglo XIV, y su texto cita a ocho tripulantes de Götland.

Y lo que no es menos importante, señala Wolter, "la rara runa medieval llamada 'la R punteada' no fue conocida por los eruditos modernos hasta 1935, y sin embargo aparece en la Piedra Rúnica de Kensington, hallada en 1898". Interpretación: La presencia de 'la R punteada' indica que la inscripción de la Piedra Rúnica de Kensington sólo pudo ser tallada en época medieval".

. . .

Pruebas de última generación realizadas en un laboratorio galardonado en un entorno científico controlado por un geólogo con formación universitaria confirmaron el descubrimiento de Olof Öhman de un auténtico monumento del siglo XIV. Cabría imaginar que la prueba inequívoca de Wolter de la presencia de exploradores nórdicos en el Medio Oeste 130 años antes del descubrimiento oficial de América habría provocado titulares de periódicos en todas partes y habría sido aplaudida por los arqueólogos. Por el contrario, recibió críticas desiguales en la prensa local, mientras que Scott Anfinson, arqueólogo del estado de Minnesota, y Russell Fridley, ex director de la Sociedad Histórica de Minnesota, desairaron su meticulosa investigación, descalificando la Piedra Rúnica de Kensington como "un monumento al humor fronterizo escandinavo".

Ignoradas sus súplicas de revisión por pares, Wolter dirigió su atención a otro objeto, aunque totalmente diferente, igualmente despreciado por gente como Anfinson y Fridley, en un esfuerzo por demostrar que la Piedra Rúnica de Kensington no era anómala, sino parte de una prueba más amplia de la presencia de visitantes de ultramar en la América precolombina. El objeto que seleccionó había sido descubierto el 14 de febrero de 1889 junto al río Little Tennessee, cerca de la desembocadura de Bat Creek, a unos 65 kilómetros al sur de Knoxville.

En aquel momento, miembros del Proyecto de Exploración de Túmulos de la Oficina de Etnología de la Institución Smithsoniana estaban excavando tres estructuras funerarias intactas de nativos americanos, datadas en torno al año 100 d.C. Una de ellas, de unos 60 metros de diámetro, tenía una altura de unos 60 centímetros. Una de ellas, de 28 pies de ancho y 5 pies de alto, contenía nueve esqueletos humanos, junto con una pequeña masa congelada de objetos metálicos parecidos a brazaletes. El arqueólogo John W. Emmert extrajo, parcialmente oculta bajo la parte posterior del cráneo de un varón, una pieza relativamente plana y delgada de limolita ferruginosa (que contiene óxidos de hierro) de color marrón rojizo, de 4,49 pulgadas de largo por 2,01 pulgadas de ancho y grabada con una inscripción de ocho letras.

Dado que fue encontrada y manipulada en circunstancias intachablemente profesionales, la Piedra de Bat Creek no fue descartada como falsa, el destino típico de este tipo de descubrimientos.

Aun así, no podía admitirse como prueba de herejía arqueológica, es decir, de contacto con el extranjero en la época precolombina, por lo que los arqueólogos del Smithsonian supusieron, una vez más sin pruebas, que la inscripción había sido copiada de un alfabeto cheroqui inventado en 1821 por Sequoyah, un platero mestizo (normalmente mitad europeo y mitad amerindio). Como tal, la piedra Bat Creek estuvo expuesta en el Museo del Instituto Smithsonian de Washington D.C. durante los 80 años siguientes, hasta que Henriette Mertz, una antigua descifradora de códigos del departamento de criptografía del gobierno de Estados Unidos, se dio cuenta de que el objeto estaba en realidad grabado con letras hebreas y se exhibía incorrectamente al revés. Se puso en contacto con el Dr. Cyrus H. Gordon, reputado especialista en culturas del Próximo Oriente y lenguas antiguas de la Universidad Brandeis, quien verificó la identidad semítica de la escritura.

Se lee de derecha a izquierda: LYHWD (que significa "para Judea"). Gordon observó que una letra rota en el extremo izquierdo correspondía al glifo hebreo, mem, en cuyo caso la palabra se leería en su lugar: LYHWD[M] ("para los judíos"). Reconoció que la escritura era similar a la de los caracteres de las monedas de Judea del siglo II, por lo que dató el texto, basándose en su letra distintiva, entre los años 70 y 135 d.C. Esta cronología fue corroborada por otras pruebas realizadas a mediados de la década de 1970, cuando "los investigadores también examinaron los brazaletes de lámina de cobre encontrados con la tablilla.

. . .

Su análisis reveló que los brazaletes estaban fabricados con una aleación de zinc y cobre comúnmente utilizada en el Imperio Romano entre el 45 a.C. y el 200 d.C. "6 Más tarde, en 1988, los fragmentos de madera hallados junto a la inscripción fueron datados por carbono en algún momento entre el 32 y el 769 d.C.

A pesar de haber sido descubierta por la principal organización arqueológica del momento, la Smithsonian Institution, y a pesar de las credenciales académicas de todos los implicados y de las pruebas de laboratorio realizadas por profesionales con formación universitaria, la piedra de Bat Creek fue condenada enérgicamente como fraudulenta por los arqueólogos de la corriente dominante.

Incluso llegaron a sacrificar a uno de los suyos en aras de la conveniencia políticamente correcta, cuando John Emmert, el arqueólogo de la Smithsonian Institution que encontró el artefacto, fue descrito como un alcohólico que falsificó la inscripción para ganarse el favor de su supervisor (una acusación que, por cierto, nunca se hizo hasta la década de 1970), en un claro intento infundado y mezquino de desacreditar el trabajo del Dr. Gordon. Siguieron insistiendo en que la inscripción era el silabario cherokee de Sequoyah hasta que se vieron obligados a reconocer en 2004 que el texto era hebreo del siglo II. Sin embargo, seguían negándose a admitir su origen precolombino. Ahora argumentaban que la piedra de Bat Creek debía haber sido grabada por masones del siglo XIX.

Sin embargo, los escépticos eran incapaces de decir quiénes eran estos expertos francmasones no identificados en paleohebreo del siglo II.

Aunque cualquier persona objetiva habría rechazado ya el escepticismo oficial por considerarlo totalmente irracional, Scott Wolter estaba decidido a someter la Piedra de Bat Creek al examen científico más riguroso de su accidentada carrera. Del 28 de mayo al 29 de junio de 2010, con la asistencia de la Dra. Barbara Duncan, Directora de Educación del Museo del Indio Cherokee, realizó una batería de pruebas en el artefacto, entonces en préstamo indefinido al Museo McClung en el campus de la Universidad de Tennessee en Knoxville. Para estudiar la superficie de la piedra se utilizaron observaciones petrográficas mediante microscopía de luz reflejada y microfotografía, seguidas de análisis de microscopía electrónica de barrido (SEM).

· · ·

También se utilizó un microscopio Olympus SZX12 Zoom con un sistema de cámara digital puntual. Como concluyó Wolter:

dado que no observamos ningún resto de arcilla limosa de color anaranjado en los surcos de la inscripción, y que la superficie general de la piedra y los bordes de los surcos estaban pulidos en el momento del descubrimiento, la inscripción tuvo que ser realizada antes de la excavación del túmulo por John Emmert.

La ausencia total de residuos de arcilla limosa de color anaranjado en cualquiera de los caracteres de la inscripción es coherente con muchos cientos de años de erosión en un montículo de tierra húmeda compuesto por tierra y arcilla roja dura.... La piedra inscrita y todos los demás artefactos y restos encontrados en el túmulo con ella no pueden ser más jóvenes que cuando los cuerpos de los difuntos fueron enterrados dentro del túmulo [durante el siglo II d.C.].

La antigua autenticidad de la piedra de Bat Creek había sido científicamente verificada. Los escépticos fueron silenciados, pero extrañamente no mostraron ningún interés en comprobar por sí mismos los hallazgos de Wolter, ni acogieron su trabajo como una nueva oportunidad para zanjar quizá una vieja controversia en un sentido u otro, independientemente de su resultado.

Si la piedra rúnica nórdica de Kensington y la piedra hebrea de Bat Creek dejaban entrever la variedad de culturas que influyeron en la América prehistórica, esa diversidad salió a la luz el 5 de octubre de 1877, cuando el jefe Joseph de los Wal-lam-wat-kain, una banda de indios Nez Perce, se rindió a las unidades de la caballería estadounidense cerca de Chinook, en el norte de lo que hoy es Montana. Mientras estaba detenido, le robaron una bolsa de medicina que llevaba colgada al cuello.

La bolsa contenía varios objetos simbólicos, pero uno de los que más curiosidad despertó entre los soldados fue una tablilla de arcilla cocida de 2,5 cm cuadrados grabada por ambas caras con una escritura desconocida. Cuando le preguntaron, el jefe Joseph explicó que "la tablilla había pasado de generación en generación en su familia y que ellos la habían heredado de sus antepasados blancos". El jefe Joseph dijo que los hombres blancos habían venido entre sus antepasados hacía mucho tiempo y habían enseñado a su pueblo muchas cosas".

. . .

El objeto fue enviado al Museo West Point de Nueva York, donde ha permanecido almacenado desde entonces. A finales del siglo pasado, un profesor de asiriología del Instituto Oriental de la Universidad de Chicago examinó la peculiar reliquia del jefe Joseph. Robert D. Biggs, editor de la revista Journal of Near Eastern Studies y doctor por la Universidad Johns Hopkins, no tardó en determinar que la escritura era un recibo cuneiforme de un cordero sacrificado para ayudar a celebrar el ascenso de una persona llamada Enmahgalanna como gran sacerdotisa de Nanna, dios de la Luna. Esta misma deidad lunar era venerada en el sur de Irak, donde su santuario más famoso era el Gran Zigurat de Ur, originalmente conocido como E-temen-nigur(u), o la "casa cuyos cimientos crean terror". La monumental pirámide escalonada de ladrillos de barro, que aún se conserva intacta en lo esencial, medía originalmente 210 pies de largo, 150 pies de ancho y 110 pies de alto.

El profesor Biggs determinó que la lápida del jefe Joseph databa aproximadamente del año 2042 a.C., cuando fue inscrita por los sumerios.

Que estos acontecimientos dispares, tan profundamente alejados del entorno, la época y la cultura del Jefe Joseph, se relacionaran con él en una pequeña tablilla parece increíble, hasta que nos enteramos de que la bolsa en la que se encontró conservaba sus posesiones más sagradas. Tradicionalmente, las bolsas medicinales "contenían objetos que recordaban al guerrero su hogar, su lugar de origen", que es exactamente como el Jefe Joseph describió el cuadrado cuneiforme. Además, como señala la escritora histórica Mary Gindling:

La naturaleza mundana del contenido de la tablilla es un argumento en contra de la falsificación. El cuneiforme no se descifró hasta 1846, y el proceso distaba mucho de haberse completado incluso en 1877, por lo que un posible falsificador tendría que haber sido una persona muy instruida, familiarizada no sólo con la lengua antigua en sí, sino con la forma de las tablillas creadas por los antiguos escribas.

Siendo esto dudoso hasta el punto de la imposibilidad, especialmente en la América fronteriza, ¿habían sido realmente capaces los marinos de Mesopotamia de navegar por medio mundo durante nuestra prehistoria?

Hace 33 años, cuando el Dr. Thor Heyerdahl encargó la construcción en Irak del Tigris, la fiel recreación de un barco de juncos representado en el arte de los templos sumerios, se dio respuesta, al menos en parte, a esta pregunta.

. . .

Heyerdahl pretendía demostrar que los sumerios poseían una tecnología de navegación suficiente para llegar al menos hasta el valle del Indo, donde sospechaba que existían importantes vínculos culturales con Mesopotamia. Los registros de arcilla cocida de finales del III milenio a.C. hacían referencias ambiguas a viajes oceánicos sumerios en embarcaciones de junco lo bastante grandes como para transportar 28 toneladas de carga.

A principios de la primavera de 1978, Heyerdahl y su tripulación internacional maniobraron su recreación a través del Golfo Pérsico hasta Pakistán y el Mar Rojo, pero debido a los enfrentamientos militares en toda la región, se les negó el puerto en todas partes excepto en Yibuti. Frustrado, Heyerdahl destruyó el Tigris quemándolo hasta la línea de flotación el 3 de abril, a pesar de que seguía en condiciones de navegar tras más de cinco meses ininterrumpidos a flote. Así demostró la extraordinaria resistencia de la construcción sumeria de barcos de juncos, que habría hecho posibles los viajes transoceánicos en la época en que se inscribió la tablilla del líder indio, a mediados del siglo XXI a.C. Esta tecnología marítima parece explicar no sólo su recuerdo heredado, sino también otros ejemplos de cuneiforme antiguo hallados en América.

Poco después de que el artefacto cheroqui saliera a la luz, "se encontró una tablilla sumeria con escritura cuneiforme junto a antiguas puntas de proyectil de piedra cerca de Lexington, Georgia", según el arqueólogo Dr. Gunnar Thompson. "La tablilla procede de Ur-Nammuk, Irak, y data del 2040 a.C.", el mismo año del objeto del jefe Joseph.

La investigadora difusionista cultural Gloria Farley habló de un hallazgo similar realizado en el mismo estado por una tal Sra. Joe Hearn:

En 1963, mientras cavaba un nuevo parterre en su propiedad del noroeste de Georgia, no lejos del río Chatahoochee, su pala había golpeado una pequeña tablilla en forma de almohada hecha de plomo. La escritura cuneiforme, según el Dr. Curtis Hoffman, describe cómo un escriba llamado Enlila sabía que era el año 37 o 38 del reinado del rey Sulgi de Ur, lo que, según nuestros cálculos, habría sido alrededor del año 2040 a.C. En ella se registraba la venta de ovejas y cabras, que al parecer habían sido transportadas a ultramar, a América, para ser sacrificadas a Utu, el dios sol, y a la diosa Lama Lugal.

Las fechas correctas del reinado de Shulgi eran de 2029 a 1982 a. C. Sin embargo, el artefacto Hearn de Georgia y la tabla del jefe Joseph -separados por muchos cientos de kilómetros y encontrados con casi un siglo de diferencia- datan ambos con 11 años de diferencia, lo que subraya su autenticidad común. El periodo que comparten arroja nueva luz sobre su aparición en Norteamérica.

Los arqueólogos la conocen como la Tercera Dinastía de Ur, o Ur III, una dinastía gobernante sumeria de los siglos XXI a XX a.C. asentada en la ciudad de Ur tras varios siglos de dominación semita. Shulgi promulgó una política expansionista que incluyó los lazos comerciales más amplios jamás extendidos por Sumer. Si alguna vez en la historia de esa cultura sus marinos hubiesen nave- gado hasta América, habría sido durante esa dinastía. En la actualidad, la Tabla de Hearn está en posesión del LaGrange College, el colegio privado más antiguo de Georgia, fundado en 1831.

Otra tablilla cuneiforme que data del Imperio neosumerio fue hallada cerca de Quaker City (Ohio) en 1978 por un coleccionista indio aficionado de puntas de flecha, que presentó su descubrimiento a David Owen, profesor de Estudios del Próximo Oriente de la Univer- sidad de Cornell, en Ithaca (Nueva York). Owen esta- bleció su antigua procedencia y determinó que el texto había sido escrito "por un hombre llamado Ur-e'e en el mes de Dumuzi (finales de junio), en el año (hacia 2030 a.C.) en que fue elevado el ensi (gobernante) de Karzida". La inscripción cierra el círculo de la tablilla del jefe

Joseph, con su referencia a Nanna, porque Karzida era la segunda ciudad de culto del dios de la luna.

Lo que distingue especialmente a estos objetos con inscripciones cuneiformes es su verificación sin reservas por parte de los arqueólogos convencionales, que admiten libremente que las tres tablillas son auténticamente sumerias.

Sorprendentemente, también asumen de manera uniforme y automática que los objetos fueron traídos a Norteamérica por coleccionistas modernos, porque tales objetos simplemente no podrían haber llegado aquí de otra manera. El profesor Owen "sugiere que no debemos darle demasiada importancia al hallazgo [de Quaker City], ya que 'tablillas de este tipo se vendieron por todo Estados Unidos en los primeros años de este siglo [XX], y han aparecido en diversos lugares, incluidos vertederos de basura y ventas de garaje'". Pero eso no explica la tablilla del jefe José, que se hizo de dominio público en 1877, más de 20 años antes de la supuesta importación de reliquias sumerias, ni la tablilla Hearn, que fue desenterrada en una propiedad que había pertenecido a la familia del descubridor desde 1850. La lápida de Quaker City se excavó a unos 60 centímetros de profundidad en medio de un grupo de puntas de flecha indias, difícilmente el escenario de una baratija extraviada de principios del siglo XX.

Además, este autor no ha encontrado en Internet ningún indicio de que a principios del siglo XX se vendieran en Estados Unidos tablillas cuneiformes auténticas, como afirmaba el profesor Owen (de nuevo, sin pruebas). La mera idea de que artefactos de calidad museística de la antigua Sumeria se vendieran en grandes cantidades al público en general, como chicles o baratijas baratas, parece absurda.

El profesor Owen hizo la asombrosa revelación de que "se han encontrado muchas tablillas de Ur III en Estados Unidos, incluidas algunas desenterradas hace unos años de las ruinas de un antiguo edificio de apartamentos en Auburn, Nueva York". Su total desinterés por estos hallazgos se basaba en la suposición totalmente infundada de que cada una de ellas era una importación de principios del siglo XX. Como su educación le hizo creer que nuestro continente era impermeable a toda influencia exterior antes de Colón, su mente estaba cerrada a cualquier otra explicación de la aparición de tablillas sumerias en América. Pero ni siquiera su fácil rechazo de su importancia puede explicar las inscripciones cuneiformes totalmente diferentes halladas en Sudamérica.

.   .   .

En 1959, un albañil desenterró accidentalmente un inusual cuenco en la propiedad de la familia Manjón, no lejos de las ruinas preincaicas de Tiahuanaco, capital ritual y administrativa de una gran potencia estatal a 44 millas al oeste de La Paz. El cuenco de cerámica cocida de color marrón castaño desenterrado no lejos de Tiahuanaco parece poco llamativo a primera vista. Tiene 2,4 pulgadas de profundidad y 5 pulgadas de ancho, y está grabado con motivos zoológicos y personajes antropomorfos que se entrecruzan en dos escrituras diferentes. Mientras que una de estas escrituras no se parece en nada a ninguna lengua escrita conocida, la otra es identificablemente cuneiforme, lo que pasó desapercibido a los miembros de la familia Manjón. Magna Fuente" se refiere a una zona de la propiedad de la familia donde se encontró el artefacto. El arqueólogo boliviano Don Max Portugal-Zamora confirmó su procedencia preincaica y realizó algunas reparaciones menores.

Durante más de 40 años, el cuenco permaneció en el olvido, hasta que en diciembre de 2001 se produjo un hallazgo relacionado, de nuevo cerca de Tiahuanaco, a menos de seis kilómetros al oeste de las ruinas, en otro yacimiento preincaico conocido como Pokotia. En el interior de una colina piramidal, un equipo de excavación dirigido por el arqueólogo profesional Bernardo Biados desenterró una estatua de piedra de 350 libras, 5 pies de altura y 2 pies de ancho, rota por los pies y el cuello y con los rasgos faciales casi totalmente erosionados. La figura masculina está erguida, con los brazos a los lados (las costillas se indican con cuatro líneas a ambos lados del pecho), un taparrabos en las caderas y sencillos brazaletes en las muñecas. El tocado abullonado sobre su cabeza es idéntico a representaciones similares encontradas en la corte semisubterránea de Tiahuanaco. Símbolos inescrutables y escritura cuneiforme se extienden por su espalda y la parte delantera de sus piernas.

Cuando el Monolito Pokotia fue trasladado al Museo de Metales Preciosos de La Paz (antes conocido como Museo del Oro), en la calle Jaén, se le unió el objeto Magna Fuente en 2007, cuando se recuperó el texto cuneiforme similar de este objeto para compararlo. El Dr. Alberto Marini, reconocida autoridad en lenguas mesopotámicas antiguas, determinó que la inscripción de Magna Fuente era sumeria e identificó el artefacto como un cuenco de libación. Aunque el texto que adorna el coloso también se ha identificado como sumerio, aún no se ha traducido correctamente.

Las pruebas cuneiformes apoyan numerosas comparaciones culturales entre las civilizaciones mesopotámica y andina.

. . .

"Tanto sumerios como peruanos", observa el Dr. Thompson, "creían en la existencia de una montaña sagrada con picos gemelos, donde el Sol descansaba durante la noche. Los sumerios llamaban a sus picos gemelos Mashu; entre los incas, se conocía como Machu Picchu". La propia palabra Inca parece derivar de la sumeria Enki; ambas significan "gran señor". El Gran Zigurat de Ur descrito anteriormente tiene un asombroso parecido con las pirámides escalonadas contemporáneas encontradas en Chicama, a lo largo de la costa noroeste de Perú. "Tanto las estructuras mesopotámicas como las peruanas", señala el Dr. Thompson, "estaban hechas de ladrillos secados al sol". Los orígenes preincaicos tanto del cuenco de Magna Fuente como del monolito de Pokotia son tan auténticos como sus inscripciones cuneiformes. Sin embargo, David Hatcher Childress, presidente del Club de Exploradores del Mundo, que visitó ambos hallazgos, me preguntaba si este descubrimiento y desciframiento cambiarían las actitudes arqueológicas predominantes en las Américas, o si los arqueólogos convencionales -los expertos-simplemente ignorarían esta prueba de interacción transoceánica, como han hecho en otras numerosas ocasiones. Tal vez este cuenco y esta estatua no pudieran ser convenientemente destruidos u ocultados, pero han sido relegados a un museo bastante oscuro e ignorados sumariamente durante los últimos ocho años.

· · ·

Combinadas con estas revelaciones bolivianas, las tablillas de Ur III -entre las posiblemente docenas más que Owens encontró en Estados Unidos-deberían, como mínimo, haber incitado a los arqueólogos de todo el mundo a reconsiderar las posibilidades de influencias sumerias en la prehistoria americana. Pero ninguno de ellos tenía nada que decir. Lo que podría haber sido el comienzo de una comprensión totalmente nueva de nuestro pasado profundo, basada en pruebas físicas auténticas y oficialmente reconocidas, nunca tuvo lugar. En su lugar, se repite sin cambios la misma versión oficial de la Antigüedad, de hecho, obsoleta e incluso errónea, a pesar de todos los hechos que demuestran lo contrario. Promulgada durante más de 100 años, incluso hasta el día de hoy, por el sistema educativo de Estados Unidos, los editores de la prensa escrita y los programadores de televisión, esta versión es aceptada por la mayoría de los estadounidenses, a los que todavía se mantiene en la oscuridad con respecto al cuenco de Magna Fuente, el monolito de Pokotia y las tablillas sumerias.

Les parecería increíble y escandalosa la sugerencia de Childress de que los arqueólogos convencionales -científicos respetados, eso sí-fueran capaces de ocultar o destruir deliberadamente pruebas "subversivas", incluso artefactos de valor incalculable. En su día, también lo hizo Ivan T. Sanderson, un extraordinario naturalista que se licenció con honores en zoología por la Universidad de Cambridge, donde más tarde obtuvo un máster en botánica y geología.

Sus libros Animal Treasure, Caribbean Treasure y Living Treasure, publicados a finales de los años 30, siguen considerándose clásicos de la literatura sobre la naturaleza. Escribió 16 libros sobre la naturaleza y sus viajes por el mundo. En la década siguiente, acuñó el término criptozoología para designar la investigación científica de la vida animal y vegetal desconocida, disciplina que él mismo fundó. "Las observaciones del comportamiento de Sanderson en los entornos naturales de los animales fueron inestimables".

Durante más de 30 años, sus numerosos artículos sobre la vida salvaje aparecieron en True, Sports Afield, Argosy y el Saturday Evening Post. A principios de la década de 1950, fue uno de los primeros zoólogos televisivos en llevar animales vivos a programas de entrevistas, como The Johnny Carson Show, donde era un invitado frecuente.

Antes de morir en 1973, a los 62 años, Sanderson recibió una carta de un antiguo marino del Cuerpo de Ingenieros del Ejército de Estados Unidos. En 1943, mientras estaba destinado en la pequeña isla aleutiana de Shemya, supervisó a los tripulantes que despejaban el terreno para la construcción de una pista de aterrizaje de 3.000 metros de largo, cuando arrasaron lo que imaginaban que era una serie de colinas bajas. Shemya, de unos 3 km de largo, es la penúltima isla de la cadena de las Aleutianas Semichi, a unos 320 km del territorio ruso, y se cree que nunca ha estado habitada.

Sin embargo, el trabajo de los ingenieros se detuvo repentinamente cuando la remoción de varias capas sedimentarias dejó al descubierto un yacimiento de restos óseos humanos. Los ingenieros se dieron cuenta enseguida de que lo que confundieron con montículos eran en realidad túmulos funerarios llenos de cientos de cráneos y, sobre todo, huesos de muslos.

Aunque se trata de un hallazgo notable en sí mismo, los excavadores inadvertidos se asombraron al observar que los cráneos medían de 22 a 24 pulgadas desde la base hasta la coronilla. El cráneo de un hombre adulto suele medir 20 cm de atrás hacia delante. Un examen más detallado demostró que los cráneos habían sido alargados artificialmente desde la infancia en un proceso denominado deformación ritual de la cabeza, conocido tanto por los incas como por los egipcios faraónicos. Se utilizaba para distinguir físicamente a la realeza y la aristocracia de los estamentos inferiores de la sociedad. Los ingenieros también observaron que en la parte superior de cada cráneo aparecía un orificio perfectamente recortado, resultado de la trepanación, una forma premoderna de cirugía cerebral practicada por los médicos del antiguo Perú y del valle del Nilo.

Después de que los oficiales militares lo notificaran a sus superiores en Washington, D.C., arqueólogos de la Smithsonian Institution llegaron a Shemya, recogieron cuidadosamente todos los huesos y se marcharon sin dar ninguna explicación.

El autor de la carta afirmaba que sus esfuerzos por saber qué había sido de ellos habían sido infructuosos, señalando que los extraños esqueletos nunca habían recibido publicidad, y pedía ayuda al famoso zoólogo. Sanderson mantuvo correspondencia con otro veterano del Cuerpo de Ingenieros del Ejército que participó en el descubrimiento de Shemya, quien confirmó la versión del marino estadounidense en todos sus detalles. A pesar del prestigio de Sanderson como científico de talla mundial, sus repetidas peticiones a los directores de la Smithsonian Institution, a los que conocía personalmente desde hacía muchos años, insistían en que nunca se había llevado a cabo una recogida de restos humanos inusuales en las

Aleutianas en tiempos de guerra, y que nunca existieron registros que documentaran tal empresa. Estaba convencido de que mentían, y se preguntó en voz alta: "¿Es que esta gente no puede enfrentarse a reescribir todos los libros de texto?"

Trágicamente, el tratamiento que el Smithsonian dio a estas pruebas tan inconvenientes en Shemya no fue el único caso de supresión y manipulación de los hechos. En 1908, la Institución encargó a G.E. Kincaid el primer registro fotográfico del Gran Cañón. En su viaje a lo largo del río Colorado, Kincaid encontró más de lo que esperaba cuando entró en un enorme sistema de cavernas que contenían "barracones" militares apilados con armas blancas y restos humanos momificados rodeados de cientos de corazas, escudos, ornamentos y herramientas. Una estatua parecida a Buda se erguía sobre un altar en su propia sala de meditación, con las paredes adornadas con jeroglíficos.

En respuesta a su informe, el Smithsonian envió a S.A. Jordan al frente de un equipo de expedicionarios dirigidos por Kincaid a la caverna. Sacaron un cargamento tras otro de artefactos y sellaron la entrada de la cueva con una puerta de hierro. De regreso a Yuma (Arizona), el profesor Jordan anunció en una conferencia de prensa que se estaba preparando otra expedición más numerosa, compuesta por 30 ó 40 arqueólogos, geólogos, topógrafos y fotógrafos, para realizar un gran asalto científico a la cueva y su contenido.

El periódico Arizona Gazette tituló la noticia "Exploraciones en el Gran Cañón. Mysteries of Immense Rich Cavern Brought to Light", el 5 de abril de 1909, al que siguieron una serie de artículos menores. Pero ahí se acabó todo debate público sobre el descubrimiento. En los últimos cien años, la Smithsonian Institution ha negado en numerosas ocasiones que existiera tal hallazgo o que se hubiera emprendido una expedición en su nombre. Pero décadas de esfuerzos decididos por parte de los escépticos para demostrar que los redactores de la Gaceta de Arizona habían participado en un engaño quedaron en nada. Los supuestos carros cargados de artefactos extraídos del Gran Cañón han desaparecido, junto con todas las fotografías de G.E. Kincaid.

Un delito relativamente menor en esta accidentada historia de escándalos arqueológicos tuvo lugar en 1948, cuando los directores de la Smithsonian Institution ordenaron que la piedra rúnica de Kensington -prestada entonces al museo-se lavara por completo con queroseno, eliminando todo rastro de suciedad y raíces originales aún adheridas a ella desde el día de su hallazgo, 50 años antes. Preservar el estado original del artefacto era crucial para afirmar la autenticidad de las circunstancias de su controvertido descubrimiento, algo que los científicos de la Smithsonian Institution habrían comprendido perfectamente.

Pero aún peor que el daño o la supresión de pruebas embarazosas ha sido la destrucción de carreras profesionales de colegas no conformistas por parte de arqueólogos del establishment. "Antes había más libertad de pensamiento y expresión, menos preocupación por lo que decían los compañeros", declaró Michael D. Coe a la revista Americas.

"Hoy existe una especie de mafia académica que dirige todo. Haces cola fuera de las habitaciones de los hoteles durante las conferencias, esperas una entrevista de trabajo. Si dices algo incorrecto, eres malo y no entras en..... Hay publicaciones reputadas que no aceptan artículos basados en nada que no sea material desenterrado por arqueólogos".

Coe pronunció estas palabras tras su jubilación en 1996.

. . .

Hoy en día sigue siendo uno de los estudiosos más famosos y respetados, la figura más destacada de la arqueología olmeca.

A mediados de la década de 1960, sus excavaciones en San Lorenzo (Veracruz) hicieron retroceder 1.000 años la cronología mesoamericana e identificaron a los olmecas como los primeros civilizadores de nuestro continente.

Durante 35 años fue profesor de antropología en la Universidad de Yale y conservador del Museo Peabody, en New Haven (Connecticut). Sus más de una docena de libros publicados influyeron en una generación de lectores y le consagraron como decano reconocido de los estudios olmecas. "Bueno, si me presentara a la titularidad ahora, cuando la deconstrucción reina en todo el universo académico", confesó Coe a la revista Américas, "probablemente no lo conseguiría".

Durante sus largos años de mandato, se guardó para sí sus opiniones difusionistas. "Hay tantas semejanzas entre los sistemas mentales de Bali y Mesoamérica, que llegué al punto de poder predecir lo que ellos [los balineses] iban a hacer a continuación a partir de mi conocimiento de los mayas. Realmente asombroso. [...] Estoy viendo sistemas mentales, sistemas cosmológicos, que son casi idénticos a ambos lados del Pacífico".

. . .

La formación previa de Coe como agente de la CIA para la organización de fachada "Western Enterprises" en Taiwán le permitió sin duda mantener el silencio necesario para salvar su carrera de un final prematuro. Su experiencia refleja mal la condición de la arqueología moderna, donde una línea válida de investigación científica -las conexiones seminales entre la Indonesia prehistórica y Mesoamérica-fue cerrada por lo que él denominó "una mafia académica que dirige las cosas."

Como autoridad mundial en el antiguo Cercano Oriente, el propio Dr. Cyrus Gordon sabía que "ningún miembro políticamente astuto de la clase dirigente que valore su reputación profesional arriesgará su buen nombre en aras de una verdad que sus colegas (y por tanto el público) quizá no estén dispuestos a aceptar durante cincuenta o cien años".

De hecho, los arqueólogos acreditados que defienden la difusión cultural ven arruinada su reputación y son expulsados de su propia profesión. A mediados de la década de 1970, Virginia Steen-McIntyre investigaba en un antiguo asentamiento recién descubierto como parte de su tesis doctoral en la Universidad de Idaho. Hueyatlaco, a unos

110 km al sureste de Ciudad de México, ofrecía abundantes pruebas prehistóricas. Utilizando métodos e instrumentos radiométricos de última generación, ella y sus colegas del Proyecto Valsequillo, financiado por Harvard y con formación universitaria similar, dataron de forma competente y repetida los restos de un incendio provocado por el hombre hace un cuarto de millón de años.

Un principio sagrado en la doctrina de la arqueología dominante sostiene que los primeros humanos que cruzaron un puente terrestre desde Siberia hasta Alaska llegaron a América Central no antes de hace 11.000 años.

En respuesta, "una rama del gobierno federal [mexicano] se abalanzó sobre Juan [uno de los colegas de Steen-McIntyre en el yacimiento], confiscando todos sus fósiles y artefactos, todo lo descubierto durante el Proyecto Valsequillo, junto con su colección de huesos en el departamento de antropología de la Universidad de Puebla y todo su equipo. Todo fue trasladado a Ciudad de México. La ley le prohibió volver a trabajar sobre el terreno. Frustrados, los profesionales patrocinados por el gobierno afirmaron en prensa que todos los artefactos de Hueyatlaco habían sido colocados por los trabajadores."

· · ·

El trato que recibió en Estados Unidos no fue mucho mejor.

Como predijo Michael Coe, ningún editor estaba dispuesto a publicar los hallazgos de Steen-McIntyre en ninguna revista científica. Durante los diez años que Steen-McIntyre luchó sin éxito por publicar su trabajo, no tuvo ninguna oportunidad de seguir trabajando en su profesión, hasta que ya no pudo ganarse la vida como arqueóloga.

Virginia Steen-McIntyre era lo que los eruditos convencionales denominan una "profesora canalla", una especie de científica loca que merece ese apelativo, porque está claro que alguien así tendría que estar loca para no creer en la realidad consensuada. Los arqueólogos del establishment Robert C. Mainfort Jr. y Mary L. Kwas calificaron así al profesor Gordon, que se atrevió a afirmar que la piedra Bat Creek de Tennessee tenía grabada una inscripción hebrea del siglo II. Se refirieron a él como "un ejemplo arquetípico de lo que Williams ha denominado 'profesores sin escrúpulos'". A pesar de su apariencia académica, los profesores sin escrúpulos 'han perdido la capacidad absolutamente esencial de hacer evaluaciones cualitativas de los datos que están estudiando', al tiempo que a menudo ignoran las normas científicas de comprobación y veracidad.

Al carecer del criterio crítico de la mayoría de los académicos, los profesores deshonestos "tienen la oportunidad de engañar o defraudar al público..."

Tras doctorarse en la Universidad de Pensilvania, Cyrus Gordon fue profesor en Brandeis durante 18 años. Fue director del Centro de Investigación de Ebla de la Universidad de Nueva York, donde encabezó los trabajos sobre esa antigua ciudad siria.

Impartió clases y seminarios y publicó trabajos sobre arqueología de campo, arte glífico, derecho cuneiforme, las cartas de Amarna, la Biblia, lengua hebrea, ugarítico, cuencos mágicos arameos, tablillas de Nuzi, minoico lineal A, Homero, egiptología, copto, hitita, hurrita, sumerio y árabe clásico. Estas son las "trampas académicas" que Mainfort y Kwas afirmaron que utilizó Cyrus Gordon para "defraudar al público" con ideas que consideraban ofensivas. Una comparación reveladora podría ser el modo en que sus propios "adornos académicos" podrían hacer frente a los de él.

. . .

En cualquier caso, estos mismos escépticos que le insultaron se abalanzaron sobre otros investigadores independientes calificándolos de "arqueólogos de culto", cuyas conclusiones carecen de valor porque no son especialistas en arqueología.

Así, el Dr. J. Huston McCulloch, catedrático de Economía y Finanzas de la Universidad Estatal de Ohio y traductor de documentos económicos internacionales de su lengua original francesa, fue perentoriamente rechazado por defender la procedencia precolombina de la inscripción de Bat Creek, porque no es un arqueólogo con formación universitaria, aunque sí es un científico con formación universitaria y lingüista profesional. En otras palabras, sólo los arqueólogos acreditados -y sólo los que piensan dentro del marco académico-merecen ser escuchados. Los que dudan de las versiones oficiales del pasado o son demasiado excéntricos para ser tomados en serio o no están cualificados para ofrecer opiniones contrarias. Todos los demás deben sentarse, callarse y asentir a lo que les digan los "expertos".

¿Cómo se ha llegado a esta situación tan deplorable?

La respuesta está en John Wesley Powell, el padre de la arqueología estadounidense. Este director de la Oficina de Etnología de la Smithsonian Institution, con conexiones políticas y muy obstinado, estableció la ley para todos los arqueólogos profesionales desde finales del siglo XIX hasta la actualidad: "Por lo tanto, se verá que es ilegítimo utilizar cualquier material pictográfico de una fecha anterior al descubrimiento del continente por Colón para fines históricos" [énfasis mío]. Insistió en que las Américas habían estado herméticamente aisladas del resto del mundo exterior por barreras oceánicas infranqueables hasta 1492. A partir de entonces, toda prueba aparente de influencias precolombinas procedentes de Europa o de otros lugares fue oficialmente prohibida por inadmisible e indigna discusión científica. Cualquier prueba del impacto del Viejo Mundo en América sólo podía ser una interpretación errónea de la cultura nativa o un engaño deliberado. Por lo tanto, el mero hecho de considerar tales pruebas era cometer una locura o un fraude. Aunque la postura inflexible de Powell asumía el aura del derecho académico, no era el resultado de un estudio deliberado o de la evaluación de pruebas, sino del fanatismo religioso.

Había nacido y crecido hijo de un predicador protestante neoyorquino, pobre e itinerante, que encendió en su hijo un fervor religioso que ardió durante el resto de su vida.

. . .

Durante la década de 1840, cuando John aún era un niño, su padre despotricaba constantemente contra el cercano auge del mormonismo, que condenaba como la peor de las herejías. El niño creció despreciando a su fundador, Joseph Smith, un odio que alimentó hasta la edad adulta. Como muestra de la animadversión mutua entre Powell y la Iglesia de los Santos de los Últimos Días, mientras exploraba el Gran Cañón en 1869 escapó de una emboscada en la que murieron tres de sus compañeros en un tiroteo con mormones al estilo del Salvaje Oeste. Su rotunda negación de cualquier contacto ultramarino durante la época precolombina fue una reacción visceral a todo lo que creían, incluida la afirmación de Joseph Smith de que oleadas de inmigrantes de Oriente Próximo habían empezado a llegar a América hace unos 4.000 años.

Al defender el protestantismo de los blasfemos mormones, Powell abrazó el movimiento abolicionista, que amplió para incluir a los indios nativos americanos. Consideraba que habían sido insultados por los mormones y otros difusionistas de ideas afines, que atribuían falsamente los monumentales movimientos de tierra de la prehistoria a extranjeros transoceánicos. De su odio religioso de toda la vida surgió la doctrina del aislacionismo cultural, de la que sigue siendo su santo patrón para los arqueólogos del establishment. El lago Powell, un embalse en el río Colorado a caballo entre Utah y Arizona, fue bautizado en su honor. En 1974, el Centro Nacional del Servicio Geográfico de Estados Unidos en Reston, Virginia, fue dedicado al Edificio Federal John Wesley Powell.

El mayor reconocimiento del USGS a personas ajenas al gobierno federal es el Premio John Wesley Powell.

Mucho más significativa que esa deificación oficial es la influencia omnipresente que su doctrina de la era victoriana sigue ejerciendo en la educación y la perspectiva de los arqueólogos estadounidenses del siglo XXI. Su estrecho dogma ha frenado su desarrollo y les ha privado de descubrimientos originales durante más de 100 años. Cualquier hallazgo significativo ha sido el resultado de los esfuerzos de aficionados totalmente desconectados del mundo académico o de profesionales de otras disciplinas. Mientras los eruditos convencionales seguían repitiendo el mantra de John Wesley Powell de que no había extranjeros en América "antes del descubrimiento del continente por Colón", los microbiólogos confirmaron la existencia de ADN de un grupo de población de Oriente Próximo que habitaba las Colinas de Galilea, en el norte de Israel, hace 2.000 años, entre los indios cherokee "de sangre pura". Con esta revelación, la cuestión de los hebreos precolombinos en Norteamérica ha cerrado el círculo desde la confirmación independiente de Scott Wolter de que la inscripción de la piedra Bat Creek es auténticamente antigua. Este descubrimiento, que alteró la historia, estaba fuera del alcance de los arqueólogos convencionales y fue realizado por investigadores profesionales en diferentes líneas de investigación: genética y geología.

Afortunadamente, estas revelaciones en curso están erosionando gravemente la posición hasta ahora inexpugnable de la arqueología dominante. Anteriormente, los difusionistas culturales esperaban que algún día los obstinados defensores de John Wesley Powell fueran desengañados de su anticuado evangelio por el mero peso de las pruebas persuasivas. Esa estrategia se ha quedado obsoleta por el aluvión creciente de datos contrarios disparados con efecto devastador desde otras disciplinas contra la torre de marfil de la Academia. La torre de marfil no puede sobrevivir a un golpe tan letal y debe derrumbarse por su propia debilidad. De sus ruinas surgirá la Nueva Arqueología, basada, a diferencia de su predecesora, en los principios olvidados de la ciencia, a saber, que todas las pruebas son, al menos inicialmente, dignas de una evaluación justa, y que las conclusiones deben surgir libremente sólo de los hechos, sin ninguna interferencia de prejuicios o dogmas preconcebidos.

· · ·

En el momento en que Powell declaró que cualquier consideración sobre el impacto de ultramar en la América precolombina era "ilegítima", condenó a la arqueología a su crisis actual y a su inminente desaparición. Como hombre inteligente que vive en una época de rápidos cambios, debería haberse dado cuenta de que si hay alguna constante en la historia de la ciencia es que la imposibilidad teórica de ayer es la realidad científica de hoy.

CONCLUSIÓN - No se ha perdido, sólo se ha olvidado

A LO LARGO de los siglos, ha habido personas y lugares que se han perdido en las arenas del tiempo. Vemos sus esculturas, murales, pinturas e incluso antiguos registros escritos, y sin embargo son extraños a la experiencia humana. Las cabezas de la Isla de Pascua nos atraen con su mirada fija, y los majestuosos paisajes urbanos abandonados de los mayas nos hacen preguntarnos qué pasó y qué pudo haber pasado.

Lo poco que sabemos de estas civilizaciones perdidas no hace sino aumentar su misterio. Este libro ha intentado desvelar algunas de las épocas más remotas del desarrollo humano, y verlas a través de una nueva lente.

. . .

Desde las nuevas imágenes por satélite hasta los últimos esfuerzos por descifrar lenguas desconocidas, la marcha para desvelar los secretos del pasado continúa.

Porque, al fin y al cabo, estas grandes civilizaciones no están realmente perdidas. Hasta que estas grandes civilizaciones de antaño no salgan a la luz, simplemente habrán caído en el olvido.